海外取引の消費税
実務のとらえ方

税理士 伴 忠彦 著

税務研究会出版局

はじめに

　インボイス制度の導入で、消費税への関心が非常に高まりました。平成の年号とともに生まれた消費税は、今や所得税や法人税を抜いて最大の税収をあげています。日々の経理事務においても、あるいは税務当局の調査においても、消費税の存在感が増しています。

　消費税の関心が高まる中で、消費税法全体やインボイス制度の情報や解説は多くありますが、分野別の解説が少ないと感じていました。
　一方、海外取引をする納税者の裾野が広がる中で、所得税や法人税だけではなく、事業者が海外取引に係る消費税の税務処理を検討する場面も増えてきています。そこで、海外取引に関する消費税の制度を一度整理してみることも、事業者の方々やアドバイスをする税理士等の方々にとって、実務の役に立つのではないかと考えました。

　消費税法の中の海外取引に関係する制度には、内外判定、輸入消費税、輸出免税があります。そして、輸入消費税を補完する制度として、電気通信利用役務の提供に係る特別な課税制度があります。本書がカバーするのは、この主要4制度です。
　主要4制度は、どれも互いに親戚同士のようなものですが、一般的な解説では、消費税制のパーツの1つとして縦割り的に説明されることが多いように思います。そこで本書では、主要4制度をまず「共通の目的を持って消費税の国際的な側面をカバーする制度の集合体」としてとらえて、一体的に整理してみます。その上で、それぞれの制度の趣旨や目的、各制度の仕組みや課題、制度間の関係性、実務上の留意点などを整理していきます。

国内の取引にだけしか課税しない消費税にあって、海外取引に係る課税関係を規定する主要4制度は、税制の外縁部に当たります。国境に沿ってそれを辿っていけば、消費税法の基幹部分である「国内取引に対する課税」の形がはっきりして、消費税全体の理解も深まるのではないかと思います。海外に行ってみると、かえって日本がよく見えるようなものです。私自身も本書を準備する中で、新たな発見が少なからずありました。

　本書でも、以前に上梓した『海外取引の税務リスクの見分け方』と同じように、制度の趣旨や目的を重視しました。税務の基礎体力や、実務での応用力の源だと思うからです。その上で、できるだけ平易な言葉と分かりやすい切り口で整理するよう努めました。読んでいただいた方に、「ちょっと面白い話だった」と思っていただければ幸せです。

　最後に、本書執筆の機会をくださった税務研究会の中村隆広氏、用語や文章を常に正しく導いてくれる出版局の田中真裕美氏、いつも無理を聞いていただいている週刊税務通信編集部の谷川碧氏に、心からのお礼を申し上げます。

令和6年4月

伴　忠彦

本書の目標と構成

　本書は、消費税の国際的な側面を構成する制度を一体的にとらえて整理することを、第一の目標としています。それによって海外取引に係る消費税の制度の理解を深め、実務に応用できる基礎体力を養うことを最終的な目標としています。

　以下の各章では、初めは大きめの視点から、そして徐々に細かく整理していきます。ときには内容や記述が重複する部分もありますが、それは重要な点だと思ってご容赦ください。

　第1章では、主要4制度を一体として簡潔にとらえます。主要4制度それぞれの骨組みを簡単に紹介し、それらの制度が必要とされる共通の理由を整理します。

　第2章では、主要4制度の仕組みを、税法の規定に沿って少し詳しく見ていきます。各制度の相互の関連性や、実務でも見かける問題を重視しながら、各制度の守備範囲や考え方ができるだけ明瞭になるように心掛けました。

　第3章では、インボイス制度や貿易に特有な取引を中心に10の個別テーマを設定しました。関係する規定を横断的に見ながら、少々特殊な規定も含めて、条文の縦割りとは異なる角度からの整理を試みました。

　最後の第4章では、30の事例に基づいて主要4制度を復習するとともに、国内取引に係る規定と海外取引の消費税を対比させながら、少し掘り下げた検討もしてみます。調査事例の分析や正確な質疑応答というより、海外取引消費税の発想力、想像力、応用力のトレーニング材料になるものを意識しました。

また、各事例には「他税目の視点」として、事例の取引に関係する消費税以外の税目（主に法人税や源泉所得税）の視点からの、簡単な注意点を記載しています。実務では、一つの取引を消費税だけではなく法人税や源泉所得税の視点からも検討しなければなりませんが、消費税と似たような注意点もあれば、まったく異なる注意点もあります。消費税を切り口にして、他の税目の海外取引税務にも視界が広がるきっかけにしていただければ幸いです。

目　次

第1章　海外取引の消費税は国内取引の例外　　1

Ⅰ　国内の取引だけに課税する税金と海外取引　2

　1　消費税法のはじめのことば　2

　2　海外取引に適用になる4つの主要な制度　3

　3　「消費」税といいながら「取引」が課税対象　4

　　（1）消費者ではなく事業者が納税者　4

　　（2）事業者には税の転嫁が求められる　5

　4　主要4制度の共通の目的　5

　　（1）海外取引では取引の国と消費の国が異なる　5

　　（2）取引地国と消費地国が同じ取引は原則どおりの課税　7

　　（3）取引地国と消費地が異なる取引は課税を修正　7

　　（4）調整は国境で行う……国境税調整　8

　5　税関を通らない取引の問題　8

　　（1）目に見えない取引の国境税調整　8

　　（2）無形資産や役務の輸入には輸入消費税がない　9

Ⅱ　主要4制度の概観　11

　1　内外判定　11

　　（1）内外判定とは不課税の取引を切り出すこと　11

　　（2）課題……割り切り基準が問題を起こす　12

　　（3）電気通信利用役務の提供だけは特別扱い　13

　2　輸入消費税　14

　　（1）不課税取引に例外的に課税する　14

　　（2）課題……見えない資産の輸入消費税がない　15

　3　輸出免税　17

　　（1）課税取引を例外的に免税にする　17

5

（2）見えない取引にも輸出免税あり ……………………………… 17

（3）課題……制度的に厳しく複雑になる ………………… 18

4 電気通信利用役務の提供に対する課税とは役務の

輸入消費税のこと ………………………………………………………… 19

（1）インターネット取引を対象にした輸入消費税 ……… 19

（2）課税のために（その1） ……………………………………… 20

（3）課税のために（その2） ……………………………………… 21

（4）事業者向けと消費者向けの区別が重要 ………………… 22

（5）課題……全体的に分かりにくい …………………………… 23

（6）消費者向け提供にプラットフォーム課税制度を導入 …… 24

III 国境で税を調整する理由 ……………………………………… 25

1 消費税の中立性 ………………………………………………………… 25

（1）輸入と価格競争 …………………………………………………… 25

（2）輸出と価格競争 …………………………………………………… 26

（3）売上げの免税と仕入税額控除 ……………………………… 26

2 課税するのは輸出先国……仕向地主義 ……………………… 27

3 税関を通らない取引の問題 …………………………………… 28

（1）税関の重要性 ……………………………………………………… 28

（2）税関を通らない取引にも輸出免税がある ………………… 29

（3）税関を通らない取引には輸入消費税はない ………… 29

（4）電気通信利用役務の提供に係る課税の登場 ………… 30

第2章 海外取引消費税の税法規定 31

I 内外判定 ………………………………………………………………… 32

1 判定の原則 ………………………………………………………………… 32

2 有形資産 …………………………………………………………………… 33

（1）譲渡又は貸付けが行われる時と場所 …………………… 33

（2）輸出入と取引の場所 …………………………………………… 34

（3）国際輸送に使われる船舶等の内外判定 ………………… 34

　　（4）利子を対価とする金銭の貸付け ……………………… 34
　3　無形資産 …………………………………………………… 36
　　（1）無形資産は大きく 2 種類に分かれる ……………… 36
　　（2）登録により発生する権利 …………………………… 38
　　（3）創作により自動的に発生する権利 ………………… 39
　　（4）その他の権利 ………………………………………… 39
　4　役務提供 …………………………………………………… 39
　　（1）役務は提供場所が消費の場所 ……………………… 39
　　（2）提供の場所が明らかでない役務 …………………… 40
　　（3）専門的な知識を必要とする役務 …………………… 41
　5　電気通信利用役務の提供専用の内外判定基準 ………… 42

II　輸入消費税 ………………………………………………… 43
　1　税関を通る輸入 …………………………………………… 43
　　（1）輸入とは ……………………………………………… 43
　　（2）外国貨物 ……………………………………………… 43
　　（3）保税地域 ……………………………………………… 45
　　（4）課税対象は「引き取られる外国貨物」…………… 46
　　（5）納税義務者 …………………………………………… 46
　　（6）課税標準と税率 ……………………………………… 46
　2　国内取引に係る消費税との違い ………………………… 47
　3　税関を通らない輸入 ……………………………………… 48
　4　納税手続きと書類の保存 ………………………………… 48

III　輸出免税 …………………………………………………… 50
　1　輸出免税の適用範囲 ……………………………………… 50
　2　税関を通る輸出 …………………………………………… 52
　　（1）そもそも「輸出」とは ……………………………… 52
　　（2）輸出免税の対象者 …………………………………… 53
　　（3）不課税や非課税の取引が輸出免税に変わる ……… 53
　3　税関を通らない輸出（輸出類似取引）………………… 54
　　（1）「非居住者」に対する取引を対象にする ………… 54

（2）消費税法の非居住者は所得税や法人税と違う ················· 55

（3）無形資産の輸出 ··· 56

（4）役務提供の輸出 ··· 57

4 輸出免税にならない非居住者への役務提供 ············· 57

（1）日本国内で便益が享受される役務提供 ··············· 58

（2）日本に事務所等を有する非居住者への役務提供 ····· 59

5 輸出の証明 ·· 60

Ⅳ 電気通信利用役務の提供 ····································· 62

1 対象取引の定義 ·· 63

（1）取引の範囲 ·· 63

（2）付随的な利用は該当しない ································· 64

2 専用の内外判定基準 ··· 66

（1）逆転の発想 ·· 66

（2）内外判定基準だけではまだ不十分 ······················ 66

3 事業者向け提供と消費者向け提供の区別 ·············· 67

（1）リバース・チャージ方式適用のための区別 ··········· 67

（2）事業者向けと消費者向けを区分する基準 ·············· 67

4 事業者向け提供の課税 ··· 69

（1）リバース・チャージ方式 ···································· 69

（2）「なかったことにする」とはどういうことか ·········· 71

（3）事業者向け提供を行う事業者の事前の表示義務 ······· 72

5 消費者向け提供の課税 ··· 73

（1）事業者に提供されても消費者向け提供 ················· 73

（2）消費者向け提供は事業者には普通の課税仕入れ ······· 73

6 まとめと証拠書類 ··· 74

7 プラットフォーム課税制度の導入 ························· 75

（1）消費者向け提供を行う国外事業者の申告納税に懸念 ··· 75

（2）国外事業者が納税しなければ競争が不公平になる ····· 76

（3）国外事業者の納税を確保する制度 ······················ 77

（4）特定プラットフォーム事業者とは ······················ 80

（5）国外事業者の免税の判定や簡易課税制度等の適用も厳格化

.... 81

第**3**章 テーマ別論点整理　　　　　　　　83

I　インボイス制度と海外取引消費税 84

　1　インボイス交付義務の根拠 84
　2　主要4制度に対する影響 85
　3　内外判定 86
　　（1）国外取引 86
　　（2）国内取引 87
　4　輸入消費税 87
　5　輸出免税 88
　　（1）一般適用 88
　　（2）輸出免税の例外 88
　6　電気通信利用役務の提供 89
　　（1）事業者向け提供 89
　　（2）消費者向け提供 89
　　（3）登録国外事業者制度はインボイス制度の先取り 90
　7　居住地国よりも適格請求書発行事業者の確認が先 91

II　インボイス制度の経過措置と海外取引 92

　1　主な経過措置 92
　2　2割特例 93
　　（1）概要 93
　　（2）海外取引との関係 94
　3　簡易課税制度適用の届出期限の緩和 95
　　（1）2割特例の後の簡易課税制度の選択 95
　　（2）登録初年度からの簡易課税制度の選択 96
　4　免税事業者からの仕入れ 96
　　（1）概要 96
　　（2）海外取引との関係 97

5 少額特例 ·· 98

III 非課税・不課税取引と輸出免税 ··························· 99

1 概要 ··· 99
2 非課税資産の輸出 ··· 100
  （1）非課税取引は国内取引だけのもの ··········· 100
  （2）非課税資産の輸出 ······························· 101
  （3）輸出免税を優先する理由 ······················ 101
3 資産を国外に移送するための輸出 ················· 102
4 非居住者への金銭貸付けの内外判定と輸出免税 ··· 103
5 国外で行う資産の譲渡等に係る仕入税額控除 ··· 104

IV 船舶等の譲渡・貸付けと国際輸送・通信 ············ 105

1 船舶等の譲渡・貸付けの内外判定と輸出免税 ··· 106
  （1）内外判定 ······································· 106
  （2）譲渡・貸付けに係る輸出免税 ················· 106
  （3）外航船舶に対する修理の輸出免税 ··········· 107
  （4）コンテナーの輸出免税 ························· 108
2 国際輸送・通信・郵便等の内外判定と輸出免税 ··· 109
  （1）内外判定 ······································· 109
  （2）輸出免税 ······································· 110

V 港の風景と輸出免税 ···································· 111

1 外国貨物の譲渡と貸付け ······························ 111
  （1）外国貨物の譲渡・貸付けは輸出免税の対象 ··· 111
  （2）外国貨物のまま輸出する場合 ················· 112
2 外国貨物の荷役、運送、保管等 ···················· 112
  （1）港湾荷役は輸出免税の対象 ··················· 112
  （2）保税運送も輸出免税の対象になる ··········· 113
  （3）保税地域内にあれば内国貨物でも輸出免税 ··· 113
3 外航船舶等に対する水先案内や誘導等 ··········· 114
4 通関手続きの役務提供 ······························ 115

5 外国貨物の保税地域での消費 ……………………… 116

VI インコタームズと消費税 …………………… 117

1 消費税に出てくる FOB とか CIF とは何？ ………… 117
2 インコタームズとは ………………………………… 117
  (1) 貿易条件のひな型 ……………………………… 117
  (2) 3 文字のアルファベットが表すこと ………… 119
3 消費税での登場場面 ………………………………… 120
  (1) 輸出免税 ………………………………………… 120
  (2) 輸入消費税 ……………………………………… 121

VII 郵便で貿易する ………………………………… 122

1 輸出入の申告が不要な「簡易郵便物」…………… 122
  (1) 郵便は手軽だけれど ………………………… 122
  (2) 輸出入の申告をしない国際郵便物 ………… 122
2 郵便で輸出 …………………………………………… 124
  (1) 簡易郵便物の輸出証明は最近厳しくなった … 124
  (2) ただの通常郵便物では輸出免税は受けられない … 125
  (3) 郵便物の価格が 20 万円以下とは……………… 125
3 郵便で輸入 …………………………………………… 126
  (1) 輸入にも簡易郵便物の取扱いがある ……… 126
  (2) 簡易郵便物の輸入消費税は賦課課税方式 … 127

VIII 国外事業者の納税義務の厳格化（令和 6 年度税制改正）………………………………………………… 128

1 国外事業者の課税と納税義務 …………………… 128
2 令和 6 年度改正前までの免税事業者の判定……… 129
3 令和 6 年度改正で国外事業者の納税義務を厳格化 …… 130
  (1) 特定期間の判定に給与支払額が使えなくなる………… 132
  (2) 国外事業者の基準期間をないものとみなす場合 …… 132
  (3) 外国法人に対する特例見直しの理由と内容 … 133
  (4) 親の取引規模が大きいと子会社は免税事業者にならない

　　　　　　　　　　　　　　　　　　　　　　　　　　 135

　4　簡易課税制度と2割特例はPE保有が要件に ············· 135
　5　改正の理由は国外事業者のコンプライアンス ············· 137
　6　国外事業者の適格請求書発行事業者の登録 ············· 137
　　（1）特定国外事業者 ··································· 137
　　（2）納税地の選択 ···································· 138
　　（3）納税管理人 ····································· 138
　　（4）税務代理人 ····································· 139

IX　小規模事業者の海外取引と消費税 ············· 140

　1　免税事業者と海外取引 ······························ 140
　2　簡易課税制度と海外取引 ··························· 141
　　（1）簡易課税制度の利用状況 ······················· 141
　　（2）簡易課税制度の適用判定と海外取引 ············· 142
　　（3）輸出免税と簡易課税制度 ······················ 142
　　（4）輸入消費税と簡易課税制度 ····················· 143
　　（5）電気通信利用役務の提供と簡易課税制度 ········· 143
　　（6）簡易課税制度とインボイス制度 ·················· 144

X　所得課税と消費課税における国際課税の比較 ··· 145

　1　税目による国際課税の違い ························· 145
　　（1）所得課税の国際課税 ··························· 145
　　（2）国際課税のテーマは課税権の配分 ··············· 146
　　（3）消費課税の国際課税 ··························· 146
　2　国際的二重課税の排除方法の比較 ················· 147
　　（1）所得課税の二重課税の排除方法 ················· 147
　　（2）課税を国の中だけに限る方法 ··················· 148
　　（3）消費課税の二重課税の排除方法 ················· 148
　3　消費税のシンプルな国際課税 ····················· 149
　　（1）みんなで仕向地主義なら怖くない ················· 149
　　（2）租税条約も外国税額控除もない ················· 150

第4章　事例でもう少し考えてみる　151

I　内外判定 ……………………………………………… 152

【事例1】　外国から外国の輸出は輸出免税ではない ………… 152
【事例2】　国外取引のための国内課税仕入れは仕入税額控除できる ……… 155
【事例3】　国外で役務を提供しても不課税とは限らない …… 158
【事例4】　知的財産の消費税と源泉所得税 ………………… 163
【事例5】　人的役務提供の消費税と源泉所得税 …………… 168
【事例6】　派遣社員が海外で働いたら ……………………… 173
【事例7】　収益認識の時期と輸出免税 ……………………… 176

II　輸入消費税 …………………………………………… 180

【事例8】　輸入許可書が自分名義でないと仕入税額控除できない ……… 180
【事例9】　製造設備の輸入と役務提供 ……………………… 185
【事例10】　加工貿易に見る輸入消費税と輸出免税 ……… 190

III　輸出免税 ……………………………………………… 195

【事例11】　国内での引渡しは関税法の輸出ではない ……… 195
【事例12】　輸出手続きは自分の名前ですること ………… 198
【事例13】　在庫の場所を変えるだけでも輸出免税 ……… 202
【事例14】　国境税調整は非課税資産の輸出にも及ぶ ……… 205
【事例15】　非居住者相手の役務提供は輸出免税だが例外がある ……… 208
【事例16】　典型的な非課税の利子収入も課税扱いに ……… 212
【事例17】　郵便で貿易したら輸出免税の証明はどうする？ ……… 215
【事例18】　外国貨物でなくなるのはいつのこと ………… 219
【事例19】　外航船舶等の修理も輸出免税のはずだけど？ … 223

IV　電気通信利用役務の提供 ································· 227

　【事例20】　なかったことになる事業者向け提供 ·········· 227

　【事例21】　消費者向け提供の昔と今 ···················· 231

　【事例22】　リバース・チャージ方式と「事業者向け」の表示義務

　　　　　　　·· 236

V　海外子会社と消費税 ································· 240

　【事例23】　海外子会社が日本で商売するとき ·········· 240

　【事例24】　海外子会社の特定期間の給与支払額 ········ 245

　【事例25】　海外子会社への企業グループ内役務提供と消費税

　　　　　　　·· 249

　【事例26】　外国法人とインボイス経過措置 ············ 254

VI　小規模事業者の海外取引 ························· 258

　【事例27】　外貨建取引で取引相手のインボイスと税額が合わない？ ································ 258

　【事例28】　小規模事業者とインボイス経過措置 ········ 261

　【事例29】　少額特例と消費者向け電気通信利用役務の提供

　　　　　　　·· 264

　【事例30】　輸出免税と簡易課税制度のせめぎ合い ······ 267

凡　例

本書中に引用する法令等については、次の略称を使用しています。

消法……消費税法

消令……消費税法施行令

消規……消費税法施行規則

消基通……消費税法基本通達

法法……法人税法

法令……法人税法施行令

法基通……法人税基本通達

所法……所得税法

所令……所得税法施行令

所規……所得税法施行規則

所基通……所得税基本通達

措法……租税特別措置法

外為法……外国為替及び外国貿易法

通法……国税通則法

関基通……関税法基本通達

※本書の内容は、令和6年4月1日現在の法令・通達等に基づいています。

第1章

海外取引の消費税は
国内取引の例外

国内の取引だけに課税する税金と海外取引

1 • 消費税法のはじめのことば

　消費税法の最重要条文である第4条は、消費税の課税対象とは何かという基本中の基本を定めています。その第1項はこう始まります。

> 　国内において事業者が行った資産の譲渡等……には、……
> 　消費税を課する。

　「国内において」という語句は、消費税法の課税や仕入税額控除にかかわる主要な条文に、繰り返し登場します。国内とは、「この法律の施行地」のことです（消法2①一）。これに対して、国内ではない場所を表す税法上の語句は「国内以外の地域」ですが、以下本書では「国外」といいます。

　この「国内において」という要件は、消費税の課税の対象を決める4つの要件のうちの1つで、海外取引を巡る消費税ルールの原点になっています。4つの要件とは、次のとおりです（消法2①八、4①）。

> 　①国内において、②事業者が事業として、③対価を得て行う、
> 　④資産の譲渡等

　このうち、要件④「資産の譲渡等」が最も中心となる要件になっていて、譲渡、貸付け、役務提供という取引行為のことです。間接税である消費税は取引という行為を課税の対象としており、課税標準はその取引の対価の額です（消法28①）。

　それ以外の要件①〜③は、最上位の要件である④の内容に制限をかけ

て課税の対象となる取引を絞り込んでいく形になっていますが、その最初の絞り込みが「国内において」です。

　消費税は、国内の取引にしか課税しないのです。

2 ◦ 海外取引に適用になる 4 つの主要な制度

　国内の取引にしか課税しない消費税制の中に、海外取引に係る課税関係を定めたルールが大きく 4 つあります。内外判定、輸入消費税、輸出免税、電気通信利用役務の提供です。以下本書では、これらの 4 つのルールを「主要 4 制度」と呼びます。

主要 4 制度	制度の概要
内外判定	取引が行われた場所が国内か国外かの判定で、国外であれば消費税の課税対象にならない（不課税）。
輸入消費税	輸入貨物を保税地域から引き取るときに課される消費税で、国内取引の消費税とは課税要件が異なる。
輸出免税	有形資産を輸出する取引や、無形資産や役務を非居住者に対して提供等する取引への課税を免除する。
電気通信利用役務の提供	インターネットを利用したデジタルサービスの提供に係る特別な課税ルールで、輸入消費税を補完するもの。

　主要 4 制度は、消費税全体の解説の中では独立した項目として、バラバラに説明されることが多いと思います。しかし主要 4 制度は、実は共通の目的を持ったひとかたまりの税制群ととらえることができます。相互に関連し、補完することでひとつの目的を達成しようとする制度群です。

　この主要 4 制度の共通の目的をこれから見て行くのですが、簡単にまとめれば次のようなものです。

　　取引の場所で課税の有無を決めるという消費税の原則を、海外取引（取引した国と消費する国が異なる取引）の場合だけは例外的

に、消費の場所を優先した課税関係に修正すること。

　もちろん、主要4制度にはそれぞれ細かいルールがあって、それが実務を複雑にしています。しかしその前に、主要4制度の全体像を一体的に「消費税の国際的側面」としてとらえておくことは、その先で個々の制度の細かい内容や実務的な問題を検討するための、大事な基礎体力になると思います。

3 ●「消費」税といいながら「取引」が課税対象

（1）消費者ではなく事業者が納税者

　消費税は、消費一般に広く薄く負担を求める間接税として創設されました（税制改革法4①、10）。消費、あるいは消費のための支出に担税力を見出して課税するものです。そうであれば、課税は消費という行為があったときに行われ、納税義務者も消費者になるように思われますが、税法上はそうなっていません。

　課税の対象になるのは消費者による消費行為ではなく、それ以前の事業者による資産の譲渡等という取引行為です。納税義務者は最後に消費税込みの対価を支払う消費者ではなく、それを受け取る事業者です。

　消費行為がいつどこで行われたかを判定しようとしても、それは非常に難しいでしょう。そこで、とらえどころが難しい消費という行為に代えて、今後消費される商品が売買されたり、サービスが提供されたりする取引が課税対象になっています。事業者が取引をした時と場所を課税ポイントとして、その取引の対価を課税標準として課税する、かなり人工的な仕組みです。

　実務的な観点からも、事業者は取引を記録しますから、取引が行われた時と場所、対価の額などが把握しやすくなります。消費税といいながら取引に対して課税する方法は、安定した課税を行うために採用された

技術的な方法ということができます。

（2）事業者には税の転嫁が求められる

　ただし、事業者が納税義務者であるといっても、自分の負担での納税が求められているのではありません。事業者に求められているのは、納税すべき消費税を取引の価格（資産の譲渡等の対価）に組み込んで次の事業者へ、そして最終的に税を負担する消費者まで転嫁していくことです。

　事業者から消費者への円滑で適正な転嫁が消費税制の大前提であり（税制改革法11）、消費税を実質的、最終的に負担するのは消費者です。税法上の納税義務者である事業者は、販売価格に転嫁した消費税（仮受消費税）を申告納税しますが、納税額は仕入れ等で自分が支払った消費税（仮払消費税）を差し引いた後のネットの税額です。中間にいる各事業者は、最後に消費者が負担する消費税を、取引の各段階で少しずつ分割して納付しているといえます。

　その意味で、商品等の生産と流通の中で繰り返されていく消費税の申告と納税は、事業者の「事務処理能力」を頼りにしていることになります。これは、企業が行う源泉徴収や年末調整とも似ています。

4。 主要4制度の共通の目的

（1）海外取引では取引の国と消費の国が異なる

　国内の消費支出に担税力を見出して課税するための消費税制は、技術的には取引のタイミングと場所で課税する制度として設計されています。この「課税の趣旨と方法の違い」が、主要4制度が必要になる最大の理由です。

　海外取引というと、一般的には「海外にいる相手と取引をする」、あるいは「取引した商品やサービスが国境を越えて移動する」などの取引

を指すでしょう。有形資産の取引を例にして取引国と消費国、そして国境との関係を整理すると、次のようになります。

国境と課税の関係

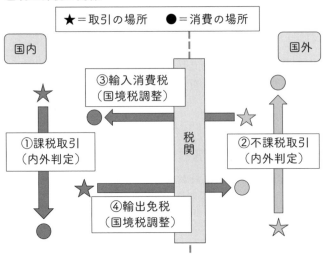

　有形資産の取引が課税の対象になるか否かは、取引が行われる時に資産が所在していた場所（表の★の場所）が国内か否かで判定します。これを内外判定といいます。しかし、図の取引③と取引④、すなわち輸入と輸出では、内外判定による取引が行われた国（★）と消費される国（●）が異なります。このとき、内外判定の原則（★の場所）だけで課税の有無を決めてしまうと、消費税のそもそもの趣旨・目的（消費に担税力を見出す）と反する課税結果となってしまいます。輸入した資産は国内で消費されるのに国外取引なので課税対象にならず、輸出した資産は国外で消費されるのに日本の消費税の課税対象になるからです。

　ここに、「取引の国と消費の国が異なる場合には、課税上どちらを優先させるか」という問題が生じます。これを、「そのような場合は（原則に基づく）取引の場所ではなく（例外的に）消費の場所で課税の有無を決める」として、内外判定による原則的な課税を修正するルールが、輸入消費税の課税と輸出免税です。

（2） 取引地国と消費地国が同じ取引は原則どおりの課税

　取引も消費も国内で行われる取引①が、消費税の基本的な課税対象取引です。取引と消費のタイミングは異なるとしても、「国内の消費に課税する」という趣旨に合致します。

　また、取引も消費も国外で行われる取引②は、内外判定で国外取引になり、消費税の課税対象外（いわゆる不課税）となります。これも、「国内の消費にだけ課税する」という趣旨に合致します。こちらは、消費税法の完全な射程外ということです。

　なお、消費税法には「国内」に対して「国外」（国内以外の地域）という概念しかありませんので、取引②の場合に取引の国と消費の国が同じ外国であるかどうかは問題になりません。したがって、Ａ国で取引してＢ国で消費されても、Ａ・Ｂ国間での消費税や付加価値税の課税や修正は両国の税法に任せて、日本の課税には関係ないということです。

（3） 取引地国と消費地が異なる取引は課税を修正

　次に、取引③は輸入取引です。輸入とは、国外にある資産を取引で入手して、それを国内に持ち込む取引です。取引の時には資産が国外にあるので、内外判定では国外取引として課税対象にならず（消法4③一）、不課税です。しかしこのままでは、国外で取引された資産が国内に持ち込まれて国内で流通・消費されるのに消費税は課税されないことになり、税の趣旨と一致しません。そこで、内外判定で不課税であるにもかかわらず、輸入取引の場合には例外的に課税するのです。

　最後に、取引④の輸出取引です。輸出取引とは、国内に保有する資産を、輸出という関税法の手続きを経て国外に送り出す取引です。内外判定では、取引の直前に資産が国内にありますので、まずは国内取引として課税対象になります。

　しかし、資産は国外に持ち出されて流通・消費されるのに「取引の場所が国内だから課税になる」という原則を貫くと、国内で消費されない

資産に係る消費税を国外の買手に負担させることになります。これでは筋が通りませんので、内外判定では課税になるにもかかわらず、輸出取引の場合には例外的に免税とするのです。

（4）調整は国境で行う……国境税調整

不課税取引を例外的に課税する輸入消費税と、課税取引を例外的に免税とする輸出免税の両制度は、硬い言葉で「国境税調整」と呼ばれます。資産が国境を通過する際に、原則的な課税関係を調整（修正）するからです。

有形資産（貨物）の輸出入の場合、国境の通過とは税関を通過することを意味します。輸入消費税の課税も輸出免税も、税関を適法に通過することを大前提とした制度です。そのために、関税法等に基づく通関の手続き（税関長による輸出入の許可や保税地域からの引取り等）が制度適用の要件になっています。

ところが海外取引は、貨物が税関を通る取引ばかりではありません。

5 ● 税関を通らない取引の問題

（1）目に見えない取引の国境税調整

ここまでは、輸出入の際に税関を通る貨物の話でした。

しかし、海外と取引される商品は、税関を通過する有形資産ばかりではありません。無形資産や役務提供も盛んに海外と取引され、市場が拡大している商品です。これらの目に見えない商品の取引に対する課税の有無も、まずは内外判定によって決まります。

とはいえ、目に見えない商品の内外判定の基準は目に見える商品よりも少々複雑になっていて、取引の事実関係によって複数の基準があります。その結果、例えば役務を提供した（取引が行われた）国とその役務を消費する国が異なる場合も多く発生します。

　そのような状況を修正するために、目に見えない商品にも、国境税調整の1つである輸出免税の適用があります。しかし、税関を通らない商品やサービスは、輸出申告や許可を免税の要件にすることができません。そこで、無形資産や役務提供については、輸出免税は「取引相手が消費税法上の非居住者であること」を要件として適用されることになっています。このような取引は、輸出類似取引などと呼ばれます。

（2）無形資産や役務の輸入には輸入消費税がない

　ところが、目に見えない商品に対しては、輸出免税の適用はあっても、輸入消費税を課税する規定がありません。無形資産や役務提供の輸入に対しては、原則として国境税調整は行われないのです。ということは、これらの取引が内外判定でいったん国外取引になれば、消費される場所が国内であっても、有形資産のように輸入消費税の課税は行われないということです。

資産の譲渡等と国境税調整の有無

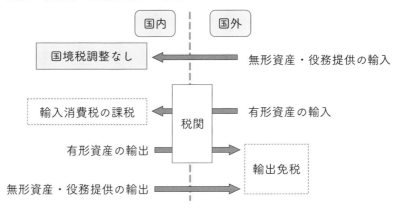

　例えば、国外にいるコンサルタントから国際電話で役務提供を受ければ、そのサービスが消費されるのは国内（電話の受け手）ですが、内外判定としては国外取引で不課税になります。役務提供の内外判定の原則

が「役務の提供が行われた場所（消法 4 ③二）」で、役務提供者（電話のかけ手）が国外にいるからです。

　この、「無形資産や役務提供の輸入には輸入消費税が課税されない」という有形資産の輸入とのアンバランスな状況が、海外取引消費税における大きな問題の一つになっています。

　そして、このようなアンバランスを、インターネットを使ったデジタル取引の部分について是正するために導入されたのが、「電気通信利用役務の提供」に係る特別な課税のルールです。

　この後は、海外取引に関して原則的な課税を修正する主要 4 制度を概観してから、国境税調整を行う理由をもう少し掘り下げて見て行きます。

Ⅱ 主要4制度の概観

　Ⅰでは、海外取引消費税の主要4制度はバラバラに存在しているのではなく、共通の目的を持って相互に関連していることを簡単に紹介しました。

　その共通の目的とは、「海外との取引であるために取引地国と消費地国が異なる場合には、原則的な課税関係を調整（修正）して、取引ではなく消費の国で課税する」というものです。

　しかし、共通の目的を持っているとはいえ、主要4制度にもそれぞれの特徴があります。ここでは、主要4制度の考え方と原則課税の修正方法、そして各制度の課題や問題点を概観します。各制度の税法に沿ったもう少し詳しい仕組みや取扱いについては、**第2章**で整理します。

1 ● 内外判定

（1）内外判定とは不課税の取引を切り出すこと

　消費税は国内取引だけを課税の対象としているので、課税の対象にならない国外取引を切り分ける線引き基準が必要です。この基準が、海外取引消費税の課税関係を検討する出発点になります。

　どこから見ても明らかな国内取引や国外取引はともかくとして、商品が国境を越えたり取引相手が国外にいたりする海外取引消費税の課税関係の検討は、まず内外判定からスタートしなければなりません。

　内外判定は、主要4制度のうちの残り3制度（輸入消費税、輸出免税、電気通信利用役務の提供）の適用による原則課税の修正（国境税調整）の大前提になります。まず内外判定で課税取引か不課税取引かをはっきりさせ、その結果に対して国境税調整が行われるという順番です。

内外判定の原則	
資産の譲渡・貸付け	(1)　有形資産は、譲渡・貸付けが行われる時において資産が所在していた場所 (2)　無形資産は、登録地や譲渡・貸付けを行う者の住所地等
役務の提供（一般基準）	(1)　役務の提供が行われた場所 (2)　役務の提供場所が明らかでないときには、役務提供者の役務提供に係る事務所等の所在地
電気通信利用役務の提供（専用基準）	上記の例外として、提供を受ける者の住所・居所又は本店・主たる事務所の所在地

　内外判定の原則は単純で、分かりやすいものです。譲渡や貸付け取引では「その取引が行われる時にその資産が所在していた場所（国）」、役務提供は「役務の提供が行われた場所（国）」です。

　この原則で、有形資産の譲渡や貸付け、又は役務の提供場所がはっきりしている取引は判定しやすいのですが、譲渡や貸付けをする無形資産の所在地国の判定や、役務が提供された国が明確でなかったりする場合の判定には、個別の判定基準が定められています。

　無形資産についてはその登録地や取引を行う者の住所地、提供の場所が1か所に決められない役務に対しては役務提供者の事務所の住所地等が判定基準になります。目に見える有形資産と、目に見えない無形資産や役務提供では、判定方法がかなり違うのです。

（2）課題……割り切り基準が問題を起こす

　ところが、「無形資産の譲渡や貸付けを行う者の住所地」や「役務提供に係る事務所の所在地」という内外判定基準は、資産や役務の消費地ではなく、いわば原産地（登録地や事務所の所在地）を基準として課税か否かを決める方法ですから、消費税の課税の趣旨と相反する判定方法といえます。

　無形資産や役務を、誰がどこで消費したかではなく、登録されている
国や役務提供者の事務所のある国で判定するのは、消費の国と課税の国
が一致しないのを承知の上で、えいやっと割り切る方法です。

役務提供に係る内外判定の原則基準と割り切り基準

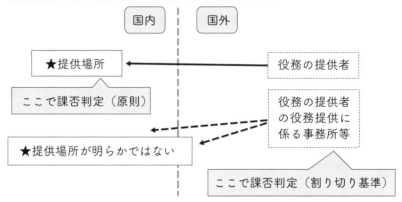

　そうは言っても、この割り切り基準は実務的には分かりやすく、納税
者も判定しやすいでしょう。税務当局にとっても、納税義務者の把握や
管理という観点から、執行しやすいと考えられます。割り切り基準は、
やむを得ない、非常に現実的な対処方法です。

　しかし、このような「消費の国と課税の国が一致しない割り切り基
準」を用いて課税・不課税を決める無形資産や役務提供のマーケットは
拡大を続けていて、適正な課税が維持できない状況が生じています。

（3）電気通信利用役務の提供だけは特別扱い

　国内で消費されるのに、割り切り基準では不課税になってしまう取引
の最も顕著な例が、インターネットを使ったデジタル財の取引やサービ
ス提供（電気通信利用役務の提供）の市場です。

　そこで、電気通信利用役務の提供に対しては、消費の国と課税する国
を一致させるために、言い換えれば消費の国で課税ができるように、割

り切り基準に代えて「専用の内外判定基準」が導入されました。「役務の提供者のいる国」に代えて、「役務の受領者のいる国」で判定することにしたのです。これによって、課税になる国が「役務の提供地」から「役務の受領地（すなわち消費地）」に変わり、消費地国と課税地国が一致しました。さらに、課税だけではなく国外事業者からの納税も確保するために、納税義務者を国外事業者から役務の受領者に転換する「リバース・チャージ方式」や、大手のプラットフォーム事業者に転換する「プラットフォーム課税制度」も導入されました。

2 ● 輸入消費税

（1）不課税取引に例外的に課税する

　国境税調整の1つである輸入消費税は、もともとは内外判定で不課税である国外取引で手に入れた資産を日本国内に持ち込んだ場合に課税されるものです。

輸入消費税の納税と貨物の引取り

　不課税取引の例外課税ですが、課税の方法は国内取引に課される消費税と大きく異なっており、むしろ関税の一種のようにも見えます。国内取引では取引という「行為」が課税対象となるのに対して、輸入消費税は「保税地域から引き取られる外国貨物」という、国内に持ち込まれる

貨物そのものが課税の対象になっているからです。

　輸入消費税は、課税対象となる要件、納税義務者、課税標準、申告納税の方法など、多くの点で国内取引の消費税と異なっています。関税の手続きに便乗した形での申告納税になりますので、税関での手続きと並行して行われ、関税法等の規定が準用される場面も多くあります。

　しかし、税率や非課税になる物品、税関に納税した輸入消費税が仕入税額控除の対象となる点については、国内取引の消費税と違いはありません。

（2）課題……見えない資産の輸入消費税がない

　輸入消費税は、それを支払わないと貨物を国内に引き取れない仕組みになっていますので、輸入した貨物を質に取られたような、強力な課税制度です。

　一方で、輸入消費税が抱える大きな課題は、税関を通る貨物（有形資産）にしか課税されないという点です。

　無形資産や役務提供にも輸入と認識される取引があります。内外判定で国外取引（不課税）となるもので、しかし消費は国内で行われるものです。例えば、国外で登録されている無形資産を国内で事業に使うとか、国外にいる者から提供されるサービスを国内の者が受けて消費する場合などです。

　これらの取引は貨物の輸入と違って税関を通りませんので、引取りの際に輸入消費税を課すという関税スタイルの方法が使えません。有形資産のように課税する規定の置きようがないのです。

無形資産や役務提供には輸入消費税がない

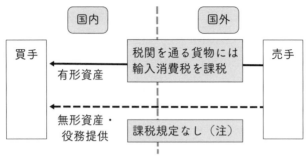

（注）電気通信利用役務の提供に係る課税は、
　　　この状況を修正（課税）する規定

　国外から形のあるモノを買うのと、形のないサービスを買うのとで課税の有無が違ってくるという状況は、形がなくとも大きな価値のある商品やサービスがあふれている昨今では、無視できません。同じサービスを国内から受けるよりも国外から受けた方が、税金が原因で安く済むというのでは、税制が仕入先の選択などに影響を与えることになります。これでは消費税が国外からのサービス購入を助長しているようで、経済活動に対する「税金の中立性」が保てません。

　このような状況を是正するために、インターネットを使った国境を越える取引（電気通信利用役務の提供）に対して、国境税調整のための特別な課税制度が導入されました。これは、拡大を続ける国境をまたぐ電子取引に対して輸入消費税がかからないという消費税制の大きな不具合を是正するための国境税調整のひとつです。

3 ◦ 輸出免税

(1) 課税取引を例外的に免税にする

　国境税調整としての輸出免税は、もともとは内外判定で課税になる国内取引に対して、資産の引渡しの手段が関税法に定める輸出、すなわち貨物を国外に向けて送り出す取引であることを条件に課税を免じる制度で、課税取引の例外的な規定です。

　海外に仕向けられ、送り出された資産は、その後は国外で流通又は消費されます。消費税法は、国外で消費する資産の買手に日本の消費税を負担させるわけにはいかない、と考えたわけです。不課税の国外取引であっても、資産が国内に持ち込まれて消費されるのであれば輸入消費税を課すのと、表裏一体の考え方です。

　また、輸出免税が適用されても、輸出する資産等の課税仕入れに係る消費税額は、仕入税額控除の対象になります。ここが、輸出免税と非課税取引との大きな違いです。

(2) 見えない取引にも輸出免税あり

　輸入消費税の問題と異なり、輸出免税は見えない取引（無形資産や役務提供）に対しても適用されます。税関を通らない輸出にも、国境税調整が行われるのです。

　見えない取引に対する輸出免税の要件は、「税関を通る関税法上の輸出」であることに代えて、「非居住者に対して行われる取引」であることです。非居住者相手の取引が、輸出に類するもの（輸出類似取引）として輸出免税の対象になります。これによって、輸出免税は資産の譲渡等のすべて（譲渡・貸付け・役務提供）に対して適用可能な制度になっています。

　ただし、非居住者に対する役務提供であっても、輸出免税が適用にならない例外もあります。国内での飲食・宿泊など、相手が非居住者で

輸出免税はすべての取引で適用可能

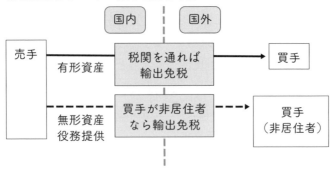

あっても、その便益が国内で享受されて完了する役務提供です。輸出免税は課税取引の例外ですが、このような取引は例外の例外として、普通の国内（課税）取引に戻るということです。

（3）課題……制度的に厳しく複雑になる

輸出免税は、譲渡・貸付け・役務提供とすべての取引に適用されますので、輸入消費税のような見える取引と見えない取引の間での課税の不均衡は、基本的にありません。

しかし、輸出免税は本来課税になる取引の税を免除する上に、その商品の仕入れに係る消費税も還付する（仕入税額控除の対象とする）制度ですから、一種の優遇措置と見ることもできます。

このため、制度が悪用されやすいという大きな課題があります。国内での譲渡を輸出に見せかけたり、非居住者ではない相手との取引に輸出免税を適用したりして不正な仕入税額控除を行い、国内で支払った消費税の還付を受けるケースです。

このような不正行為を防止するために、輸出の証明が厳しく求められています。また、免税となる要件が相当細かく、複雑に規定されている取引もあります。適用の対象範囲が広いが故に制度が複雑化・厳格化してしまうという課題です。

4 ◦ 電気通信利用役務の提供に対する課税とは役務の輸入消費税のこと

（1）インターネット取引を対象にした輸入消費税

　電気通信利用役務の提供とは、主としてインターネットを通じたデジタル財やサービスの提供のことをいいます。取引する商品が実際の書籍や映画のDVDであれば、インターネットを使って注文や代金決済をしても、電気通信利用役務の提供には該当しません。しかし、商品が電子書籍や映像データであれば該当します。

　輸入消費税のところで触れたように、電気通信利用役務の提供に係る課税は、輸入消費税が日本国内に持ち込まれる有形資産にしか課税されず、税関を通らない取引には課税されないという不均衡な状況を、インターネットを使ったデジタル取引に関して是正するために、平成27年度改正で導入された制度です。

　インターネットを通じて国外の事業者から提供され、国内で消費されるデジタルサービスは、改正前は内外判定によって不課税でした。役務の提供地を明確に示すことが難しい取引として、内外判定に「その役務提供に係る事務所の所在地」という割り切り基準が使われていたためです。これに対して、国内の事業者から同じサービスを受けた場合は、課税になります。

　そこで、サービス提供者の国外・国内に基因する課税の不均衡を解消し、サービスを消費地国で適正に課税するために、インターネット取引に係る輸入消費税として、この制度が導入されました。課税の仕組みは次の2段階です。

電気通信利用役務の提供の課税と納税を確保する 2 つの段階

第 1 段階 （課税の確保）	電気通信利用役務の提供に「専用の内外判定基準」を設け、これまで国外（不課税）取引と判定されていた取引を国内（課税）取引にする。
第 2 段階 （納税の確保）	国外事業者から「事業者向け」の電気通信利用役務の提供を受けた事業者は、国外事業者に代わって納税義務者となる（リバース・チャージ方式）

（2）課税のために（その 1）

　まず、インターネットを通じてサービスを受ける取引を課税対象にするためには、それを国外（不課税）取引から国内（課税）取引に変えなければなりません。そのために、第 1 段階として、役務提供地と消費地が一致しない割り切り基準に代えて、専用の内外判定基準が設定されました。判定の場所を「役務の提供地」から「役務の提供を受ける者の住所地」、すなわち役務提供者ではなくユーザーのいる国に変更したのです。これにより、国内に住所地のある者が電気通信利用役務の提供を受ければ、国内取引として課税対象になりました。

第 1 段階：専用の内外判定基準

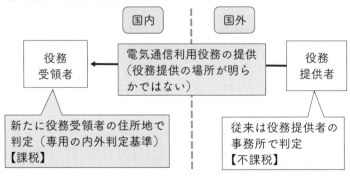

　しかし、取引が課税対象になっただけでは、納税義務者は相変わらず国外にいる役務提供者（売手）のままです。そうすると、国外の事業者が国内のユーザーに消費税を請求し、それを日本の税務当局に申告納税してもらわなければなりません。とはいえ、国外事業者は日本の消費税制に詳しい者ばかりでもないでしょうから、適正で確実な申告納税が行われない可能性が高いと考えられます。その上、適切な納税が行われない消費税を、国内事業者側では仕入税額控除ができてしまうという状況も、国としては避けたいところです。

（3）課税のために（その2）

　そこで、第2段階として、「納税義務者も国外事業者から国内の（役務提供を受ける）事業者に代える」という方法が採用されました。

　消費税の原則では売手が納税義務者ですが、それが180度転換されて、買手（電気通信利用役務の提供を受ける者）が納税義務者になるのです。これがリバース・チャージ方式と呼ばれます。

　この方法では国内ユーザーが納税義務者になりますので、ユーザーは国外事業者に税抜対価を支払う一方で、その対価を課税標準とした10％の消費税を申告納税する義務が生じます。リバース・チャージで納税した消費税は、仕入税額控除の対象になります。

第2段階：納税義務者の変更

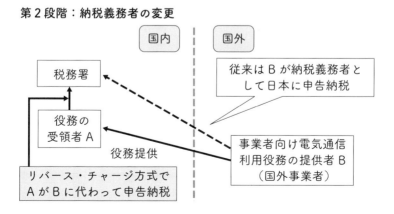

　この方法は、「輸入取引で保税地域から貨物を引き取る者に消費税が課され、納付した税額は仕入税額控除の対象になる」という輸入消費税と、まさに同じ構図です。リバース・チャージ方式は、輸入消費税の課税の範囲を事業者向け電気通信利用役務の提供まで拡大したイメージです。

　ただし、リバース・チャージ方式は、電気通信利用役務の提供が「事業者向け」のものだけにしか適用されません。そのために、事業者向けかどうかの判定が必要になってきます。

（4）事業者向けと消費者向けの区別が重要

　リバース・チャージ方式では、電気通信利用役務の提供を受けた者が納税義務者として申告納税の義務を負います。しかし、国外から電気通信利用役務の提供を受ける者には、もともと自分自身の消費税の納税義務がある事業者だけではなく最終消費者もいます。むしろ、消費者の方がはるかに多いでしょう。消費者には消費税の申告納税義務がありませんので、リバース・チャージ方式の対象にして新たな申告納税義務を負わせるわけにはいきません。

　そこで、リバース・チャージ方式によって納税義務者の転換が行われる電気通信利用役務の提供取引を、「事業者向け提供」に該当するものに限ることとしました。

　事業者向け提供とは、「国外事業者が行う電気通信利用役務の提供で、役務の性質や取引条件等から、提供を受ける者が通常、事業者に限られるもの」とされています。

　それ以外がいわゆる「消費者向け提供」になり、リバース・チャージ方式の適用はありません。事業者向け提供の判定とは、リバース・チャージ方式を適用するかどうかを決めるための判定ということです。

　消費者向け提供の典型的な例は、申し込めば誰でも買える電子書籍やアプリ、そしてオンラインゲームの利用などの取引です。事業者が事業

のための専門書を電子書籍で購入しても、それが誰でも買えるものなら
ば、消費者向け提供に当たります。したがって、リバース・チャージ方
式の適用はなく、普通の「国内における課税仕入れ」になりますので、
インボイスの有無で仕入税額控除ができるかどうかが決まります。

　このように、電気通信利用役務の提供を受けても、それが事業者向け
提供に当たるか、消費者向け提供に当たるかで、課税の方法が全く違い
ますので、事業者向け提供に該当するかどうかの判定は非常に重要で
す。

（5）課題……全体的に分かりにくい

　この特別な課税に係る課題としては、まずは「電気通信利用役務の提
供」に該当する取引の範囲が分かりにくいことが挙げられます。基本的
には、インターネットという仕組みや空間の利用が不可欠なデジタル
サービス取引が該当すると考えます。しかし、インターネットを通じて
提供されるデータやデジタル商品、サービスなどの種類や取引手法も多
様化しています。新しい形態の取引や、他者が行っていないユニークな
取引などでは、該当性の判定が難しい場合も多いと思われます。

　次に、電気通信利用役務の提供が事業者向け提供かどうかの判定に
も、難しい場合があるでしょう。リバース・チャージ方式によって自分
が納税者となるか否かの重要な判定ですが、そこでは取引の事実関係の
検討や評価が必要になります。

　さらに、事業者向け電気通信利用役務の提供を受けて対価を払って
も、課税売上割合が95％以上の課税期間であれば、その取引は当分の
間「なかったもの」とされているなど、適用関係も複雑で、注意すべき
点が多くあります。

（6）消費者向け提供にプラットフォーム課税制度を導入

　ただでさえ分かりにくい電気通信利用役務の提供ですが、令和 6 年度の税制改正で、「消費者向け提供に係るプラットフォーム課税」という制度が導入されました。

　これは、「デジタルプラットフォームの場を利用して消費者向け提供と対価の収受を行う国外事業者」に対する課税と納税を確実に行うための制度です。消費者向け提供を行った者を、本来の提供者である国外事業者ではなくデジタルサービスを仲介したプラットフォーム事業者（Apple や Google など）だとみなすことで、納税義務者を国外事業者からプラットフォーム事業者に転換するものです。一定の規模以上のプラットフォーム事業者は、そこを介してスマホアプリなどを販売する国外事業者に代わってその取引に係る消費税を対価から天引きして納税し、税抜対価だけを国外事業者に渡すことになります。

　事業者向け提供でリバース・チャージ方式を採用したように、消費者向け提供ではプラットフォーム課税制度を採用して、国内ユーザーやプラットフォーム事業者を納税義務者とすることで、国外事業者からの納税を確保するわけです。

Ⅲ 国境で税を調整する理由

1・消費税の中立性

　租税の3大原則として、「公平・中立・簡素」があります。どれも重要ですが、輸入消費税の課税や輸出免税という国境税調整は、この中の「中立性」を達成するために行われます。ここでの中立性とは、納税者の経済活動における選択や判断、実行などに対して、租税が影響を及ぼさない状況をいいます。

　消費税の課税の有無による価格の違いは、商品の購入先の選択や事業者の市場における競争力の差となって現れ、市場に歪みをもたらしたり、一部の事業者に不利な状況を作り出したりします。海外取引におけるこのような状況の発生を防ぐために、国境税調整が行われます。

（1）輸入と価格競争

　日本の消費者が税抜価格100円の商品を国内事業者Aから買えば、支払いは消費税込みで110円です。しかし、仮に同じ商品をX国の国外事業者Bからも税抜き100円で買えるとすれば、消費税が不課税である限り支払いは100円で済みます。消費者にしてみれば、国内のAから買う方が10円高いということです。これでは、購入先の選択（国内のAか国外のBか）という経済活動に対して、消費税が中立ではありません。価格競争上、消費税の存在が国外のBを有利にしています。

　このような状況を解消するために、不課税の国外取引であっても、商品が輸入される場合には輸入消費税が課税されます。商品は国内で流通・消費されるのですから、消費税の課税の趣旨に合致します。これによって消費税が購入先の選択に与える影響を回避できて、国内のAと国外のBの価格競争に対する消費税の中立性が維持できることになり

ます。

　なお、ここでは便宜的に輸入コストを考慮していません。実際には輸入コストがかかるので、Bの税抜価格は国内と同じ100円では済まない可能性も高いでしょう。しかし、もし輸入コストがかからない商品があれば、まさに上記のような状況が生じやすくなります。その典型的な例が、インターネットを使ったデジタル財やサービスの購入です。

（2）輸出と価格競争

　輸出免税も、輸入消費税の裏返しです。上記（1）で、国外事業者Bの商品価格100円には、X国の付加価値税（消費税と同じ税金と考えてください）は、基本的に含まれていません。Bが日本に輸出するときに、X国で輸出免税となるからです。だからこそBは、国内事業者Aとの日本での価格競争で有利に立てるのです。

　もしX国に輸出免税という制度がなければ、Bは日本の輸入者に対してX国の付加価値税を請求することになります。言い換えれば、X国の付加価値税込みの値段で日本での価格競争を戦わなければなりません。仮にX国の付加価値税が20％なら日本での販売価格は120円になって、国外のBの方が不利になってしまいます。

　日本のAがX国に輸出する場合も同じことで、X国の購入者に日本の消費税を請求すればそれだけ輸出価格は高くなります。さらに、X国では商品を輸入するときに自国の付加価値税、日本でいう輸入消費税をかけるはずですので、国際的な二重課税も生じます。これではAにとって、X国での価格競争が不利になります。この状況を防ぐために、輸出の場合には消費税を免除するのです。

（3）売上げの免税と仕入税額控除

　ところで、日本が上記のような理由で輸出に係る消費税を免除にしても、その商品の国内での仕入れのためにAが支払った課税仕入れに係

る消費税が仕入税額控除できなければ、それは A の持ち出しになってしまいます。すると結果的に輸出の原価がそれだけ高くなり、そこに A の利益を上乗せすれば輸出価格は上昇します。

　これでは、いくら輸出売上げだけを免税にしても、原価には仕入れにかかった消費税が含まれているのですから、その金額分は「消費税が輸出先国での価格競争に対して中立ではない」ことになります。日本の消費税が原価に含まれていれば、日本で消費しない商品を買う相手に、間接的に日本の消費税を負担させることにもなってしまいます。

　そこで、輸出売上げを免税にすると同時に、輸出する商品の課税仕入れに係る消費税額も、輸出者に還付します。仕入税額控除を、通常の国内（課税）売上げと同様に適用するということです。これによって、輸出商品は売上げの観点からも仕入税額控除の観点からも、日本の消費税と完全に縁が切れた「消費税フリー」の状態になります。消費税から解放された商品価格で、輸出先国での価格競争に臨めるということです。

輸出免税と仕入税額控除

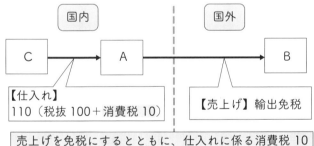

売上げを免税にするとともに、仕入れに係る消費税 10 も還付（仕入税額控除）することで、税抜きの仕入価格 100 に A の利益を上乗せした価格（消費税フリーの価格）で輸出できる。

2。 課税するのは輸出先国……仕向地主義

　前述のような、資産が国境を越えて国外に出て行く場合には輸出元の国では課税せず、輸入先の国の課税に任せるという考え方を、硬い用語

で「仕向地主義」といいます。輸出で仕向けられた国に課税を認める考え方で、日本の消費税や欧州の付加価値税で広く採用されています。

　輸入消費税や輸出免税（国境税調整）は、この仕向地主義の考え方に基づいて行われています。資産やサービスが輸出されるときには、国内で累積したそれまでの課税をリセット（仕入税額控除）した上で、免税にして送り出します。また、輸入したときには、貨物の国内への引取りに対して、国内で譲渡を受けたのと同等の課税が行われます。これによって、経済活動に対する消費税の中立性が維持されます。

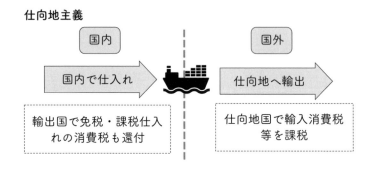

仕向地主義

　これは、取引国より消費国の課税を優先するという点を強調すれば、「消費地国課税主義」ということもできます。消費税の課税の基本はこの考え方です。

3 ◦ 税関を通らない取引の問題

（1）税関の重要性

　国境税調整は、仕向地主義を貫くための手段です。有形資産は輸出入に際して必ず税関を通りますので、国境税調整は税関をポイントに、輸出入の手続きに係る関税法等の規定をベースにして行われるように制度設計されています。

　輸出入の事実は、関税法に則った手続きを経て税関長から交付される

輸入許可書や輸出許可書により証明されます。また、輸入消費税の課税標準は関税の課税標準の計算規定（消法28④、関税定率法4～4の9）を準用していますし、課税要件である外国貨物の保税地域からの引取りも関税法の手続きに沿ったものです。

　このように、輸出入に係る消費税は関税と一心同体で執行されていますので、税関の機能や関税法等は、海外取引消費税にとって極めて重要な根拠になっています。

（2）税関を通らない取引にも輸出免税がある

　税関を中心にした国境税調整が有効に機能する有形資産はいいのですが、無形資産や役務提供などの目に見えない取引は税関を通りませんので、税関をポイントにした国境税調整が機能しません。

　そこで、国境税調整のうちの輸出免税については、無形資産や役務提供に対して、有形資産の場合の「関税法に基づく輸出であること」という要件に代えて、「取引の相手が非居住者であること」を要件に輸出免税が適用されます。非居住者相手の取引を、輸出に類似した取引として免税にするのです。

　なお、消費税法上の「非居住者」は、国際課税でおなじみの所得税法上の非居住者（所法2①五）とは少々違います。消費税法では、外国為替及び外国貿易法（外為法）の非居住者の定義（消令1②二、外為法6①六）を使うのです。個人の滞在期間の違いや法人税法の外国法人も含まれるなど、所得税や法人税と異なる部分がある点に注意が必要です。

（3）税関を通らない取引には輸入消費税はない

　輸入消費税は、貨物を保税地域から引き取る者（輸入許可書の名義人）が納税義務者になります。納税しないと貨物を引き取れない、関税の仕組みをベースにした強力な徴税方法です。

　しかし、無形資産や役務提供は税関を通りませんので、この方法は使

えません。また、輸出免税のように、関税法とは別の要件を使って課税する規定もありませんでした。輸入取引に関しては、国境税調整が完全には行われていなかったのです。

　したがって、無形資産や役務提供の輸入は、原則として国境税調整抜きの内外判定だけで消費税の課否が決まります。

　見えない取引の内外判定には、原則的な基準ではなく、多くの個別の基準が使われます。例えば、役務提供地が明らかではない場合の「役務提供に係る事務所等の所在地（消令6②六）」や、登録が必要な特許権などの工業所有権の譲渡や貸付けの場合の「登録した機関の所在地（消令6①五）」などです。これらは、前述の割り切り基準です。

　割り切り基準で判定すると、役務の受領者（消費地）が国内であっても、国外取引で不課税となります。これでは消費税法の趣旨にも仕向地主義にも合致しません。消費税の中立性が守られず、価格競争上の不均衡や課税の空白地帯が生じたりする原因になります。

（4）電気通信利用役務の提供に係る課税の登場

　上記のような、役務の提供場所を事務所等の所在地で内外判定するために課税上の弊害が生じる最も典型的な例が、国境を越えて行われるインターネットを使ったデジタル財やサービスの提供取引です。

　今後も拡大していく巨大な消費市場を不課税のままにしておくと、看過できない課税の不均衡や空白地帯、そして価格競争上の不公平が生じます。そこで、この分野で適正な課税を行うために導入された制度が、電気通信利用役務の提供に係る特別の課税です。見えない取引に対する、輸入消費税の課税の空白地帯を補完する制度ということです。

第2章

海外取引消費税の
税法規定

第1章では、主要4制度が共通の目的を持ったひとかたまりの制度であることを、その趣旨・目的に沿って概観しました。第2章ではそれを踏まえて、税法の規定に基づきながら、できるだけ実務上の取扱いや問題点、書類や手続関係、税務調査で問題になりそうな点なども含めて整理し直してみます。ここまでの記載と重複する部分もありますが、制度を少し細かく見て行きます。

 # 内外判定

1。判定の原則

内外判定基準の原則は、税法では大きく「資産の譲渡又は貸付け」と「役務の提供」とに分かれており、概要は次のとおりです。

取引の種類	内外判定基準	
資産の譲渡又は貸付け	有形資産	譲渡又は貸付けが行われる時にその資産が所在していた場所（消法4③一）
	所在場所が明らかでない無形資産等	登録地や譲渡・貸付けに係る事務所等の所在地等（消令6①一～十）
役務の提供	提供地が明らかな役務	役務の提供が行われた場所（消法4③二）
	提供地が明らかではない役務	役務提供に係る事務所等の所在地等（消令6②一～六）
電気通信利用役務の提供	電気通信利用役務の提供を受ける者の住所もしくは居所又は本店もしくは主たる事務所の所在地（消法4③三）	

資産の譲渡又は貸付けの判定で使う「取引が行われる時に所在していた場所」は、物理的な存在場所そのものですので、分かりやすい基準で

す。取引が行われる時とは、譲渡でも貸付けでも、原則として資産を引き渡す時です。また、有形資産であっても船舶や航空機のように所在地が定まらない特殊な資産については、登録地等に基づく個別の判定基準があります（**第3章Ⅳ**参照）。

これに対して、物理的な実体のない無形資産の所在場所は、資産の種類によって個別に定められています。

役務提供も、人が実際に店舗でサービスを提供するような取引なら、役務提供地ははっきりしています。一方、役務提供場所が明らかではない取引については、判定方法が別途定められていますが、これらの基準は取引の現実的な状況（事実関係）によって結果が異なる可能性がありますので、内外判定で問題になりやすいところです。

2 ◦ 有形資産

（1）譲渡又は貸付けが行われる時と場所

有形資産は譲渡・貸付けが行われた時に資産が所在していた場所が国内か国外かで判定します。ここで「譲渡又は貸付けが行われる時」とは、資産の引渡しの日です（消基通 9-1-1、9-1-2）。消費税法基本通達にはいわゆる出荷基準や検収基準等が示されていますが、これは継続適用を要件としており、法人税の収益計上日の判定（法基通 2-1-2）と平仄を合わせているものと考えられます。

しかし、これは法人税では収益計上のタイミングだけの判定ですが、消費税では課税か不課税かの根本的な判定になります。例えば資産の売買契約がすべて国内で行われたとしても、譲渡される資産が国外に所在している限りは国外取引となり、不課税です（消基通 5-7-10）。

同様に、国外で譲渡を受けた資産を日本以外の国に譲渡する場合（仲介貿易、三国間貿易）も国外取引に該当しますので、経理処理の方法にかかわらず、消費税の課税対象にはなりません（消基通 5-7-1）。

（2）輸出入と取引の場所

　輸出とは関税法の輸出をいい（消基通7-2-1（1））、譲渡した内国貨物を通関手続きを経て国外に向けて送り出す取引（関税法2①二）のことですから、輸出申告等の手続きが行われる時（取引の直前）には資産はまだ国内にあることになります。したがって、輸出取引は国内における資産の譲渡等に該当することが大前提になっています。

　また、輸入取引はこの逆で、「国外から日本に到着した資産を引き取る」取引（関税法2①一）ですから、譲渡された資産は、国外で行われる日本に向けた輸出手続きが行われる時（取引の直前）には、国外にあることが大前提になっています。したがって、輸入取引は国外における資産の譲渡等に該当して不課税です。しかし、前述のとおり国境税調整として、保税地域から資産を国内に引き取る者に対して、国内の取引に係る消費税とは別建ての輸入消費税が課されることになります。

（3）国際輸送に使われる船舶等の内外判定

　無形資産や提供場所が明確でない役務に係る判定基準の他にも、国際輸送に使われる船舶や航空機など特殊な資産の譲渡・貸付けに係る内外判定や輸出免税については、個別の規定が設けられています。

　さらに、国際的な旅客・貨物の輸送や国際通信等の役務提供の内外判定にも、多くの個別の規定があります。

　このような取引に係る内外判定等を検討すべき事業者は限定的かもしれませんが、第3章でまとめて整理します（**第3章Ⅳ**）。

（4）利子を対価とする金銭の貸付け

　利子を対価とする金銭の貸付けにも、内外判定があります。

　そもそも、国内で行われれば非課税となる取引（消法6）ですので、国外取引で不課税になっても課税が生じないのは同じことですから、内外判定に何の意味があるのかと思われるかもしれません。

　しかし、実は貸付金の対価の利子にも輸出免税の適用があって（消法31①）、これに該当すると受取利子は非課税ではなく輸出免税扱いになるのです。それでも課税にならない点では同じですが、仕入税額控除（課税売上割合）の計算が違ってきます。非課税では受取利子は分母にしか算入されないところ、輸出免税であれば分母と分子の両方に算入され、結果として課税売上割合は非課税の場合よりも少し高くなります。

貸付金利子の非課税と輸出免税

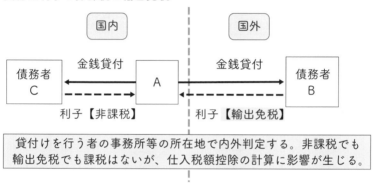

　貸付金が輸出免税に該当する要件は、「債務者（上図の B）が非居住者である場合」（消令17③）ですが、まずはその前提として、金銭の貸付けが国内取引でなければなりません。

　しかし、貸し付ける金銭の所在場所を特定することは困難ですから、消費税法別表第2の第3号に掲げられる「利子を対価とする貸付金等」や、これに類するものとして政令で定められる預金又は貯金の預入れなど（消令10③一～八に限る）については、個別の内外判定基準があります。それは、「その貸付け等を行う者（上図の A）の貸付け等に係る事務所等の所在地が国内にあるかどうかで行う」というものです（消令6③）。

　したがって、国内の事業者が非居住者に金銭を貸し付けたり、国外の銀行に預金したりして利子を得る取引は、それを行う事業者の事務所等

の所在地で内外判定します。

3 ● 無形資産

（1）無形資産は大きく 2 種類に分かれる

　国境をまたいだ無形資産（知的財産権）の譲渡や貸付けは、IT 時代を反映しながら今後も増加していくでしょう。

　所得課税に係る国際課税の分野では、海外子会社等との間で行われる無形資産の譲渡対価や使用料等は、利益の発生場所を付け替えやすい「足の速い所得」といわれます。タックス・ヘイブン対策税制や移転価格税制の適用にあたっては、無形資産の存在やその所有者、譲渡対価や使用料の算定方法などが、昔から非常に大きなテーマになってきました。

　これと比べれば、消費税法における無形資産の譲渡や貸付けが課税対象になるか否かを決める内外判定は、比較的あっさりしたものです。

　無形資産がその譲渡・貸付けの時において所在していた場所は、「所在していた場所が明らかでないものとして政令で定める」（消法4③一）とされています。初めから無形資産は、所在場所が明らかでないものとされているのです。

　これを受けた消費税法施行令第6条は、無形資産の種類を次のように区分して、それぞれに内外判定の基準を定めています。

消令6①	無形資産の種類	内外判定基準
四号	鉱業権、租鉱権、採石権、樹木採取権等	鉱区、租鉱区、採石場、樹木採取区の所在地
五号	特許権、実用新案権、意匠権、商標権等	権利の登録機関の所在地（2以上の国で登録している場合には、権利の譲渡又は貸付けを行う者の住所地）
六号	公共施設等運営権	公共施設等の所在地
七号	著作権、特別の技術による生産方式及びこれに準じるもの	著作権等の譲渡又は貸付けを行う者の住所地
八号	営業権、漁業権、入漁権	権利に係る事業を行う者の住所地

　この中で、多くの事業者に関係する無形資産としては、五号と七号のいわゆる知的財産権でしょう。知的財産権は財産的な価値を有する情報のかたまりですので、その所在場所を指差すことができません。そこで、登録機関の所在地や譲渡等を行う者の事務所等の所在地を使って、所在場所を判定するようになっています。消費の場所よりも事業の拠点を優先した（硬くいえば仕向地主義よりも原産地主義に基づいた）判定方法です。考え方としては消費税の原則となじまない割り切り基準ですから、これによって消費税の中立性が阻害されているのですが、実務的な安定性を優先しているものと考えられます。

　注意点としては、知的財産権の所在場所の判定が、次のように「登録により発生する権利（五号）」と「創作により自動的に発生する権利（七号）」に分かれている点くらいで、所得課税における多くの問題ほど難しいものではありません。

知的財産権の種類による内外判定の違い

	登録により発生	創作により自動的に発生
権利の種類	特許権、実用新案権、意匠権、商標権、回路配置利用権、育成者権（消令6①五）	著作権（出版権、著作隣接権その他これに準ずる権利を含む）、特別の技術による生産方式及びこれに準ずるもの（消令6①七）
取引時の資産の所在場所	1. 権利を登録している機関の所在地 2. 同一の権利を2か国以上で登録している場合は、権利の譲渡又は貸付けを行う者の住所地	著作権等の譲渡又は貸付けを行う者の住所地

　しかし、無形資産の取引は長期になりやすく、金額が大きくなることもありますので、内外判定は初めからはっきりさせておくことが大事です。

（2）登録により発生する権利

　特許権、実用新案権、意匠権、商標権、回路配置利用権、育成者権（これらの権利を利用する権利を含む）は、登録によって権利が発生する工業所有権等（消基通5-7-5）です。これらの権利については、内外判定は次のように行います（消令6①五）。

① これらの権利の登録をした機関の所在地

② 同一の権利を2以上の国で登録している場合には、登録機関の所在地国ではなく、これらの権利の譲渡や貸付けを行う者の住所地

　上記②の場合は、日本の機関には登録されていなくとも、権利の譲渡や貸付けを行う者の住所が日本にあれば、国内取引に該当するということです。

（3）創作により自動的に発生する権利

　著作権（出版権及び著作隣接権その他これに準ずる権利を含む）、特別の技術による生産方式及びこれに準ずるもの（いわゆるノウハウ等）は、それを創作した時点で自動的に創作者に権利が発生し、取得のための手続きを要さないものです（消基通5-7-6、5-7-7）。

　これらの権利については、内外判定は「著作権等の譲渡又は貸付けを行う者の住所地」で行います（消令6①七）。

　すなわち、登録により発生する権利が2か国以上で登録されている場合の基準と同じで、これ一本で判定することになっています。

（4）その他の権利

　その他の無形資産の内外判定は、次のように規定されています。

① 　鉱業権、租鉱権、採石権その他土石を採掘・採取する権利、樹木採取権については、鉱区、租鉱区、採石場、樹木採取区の所在地（消令6①四、消基通5-7-4）

② 　公共施設等運営権は、その公共施設等の所在地（消令6①六）

③ 　営業権、漁業権、入漁権は、これらの権利に係る事業を行う者の住所地（消令6①八、消基通5-7-8、5-7-9）

4 ● 役務提供

（1）役務は提供場所が消費の場所

　役務提供の内外判定は、原則としてその役務の提供が行われた場所で行います（消法4③二）。一般的な役務（サービス）は、「提供された瞬間に消費される」という特徴を有しています。したがって、役務提供の場所＝消費の場所となりますので、役務提供の場所で課税か不課税かを判定することは、消費税本来の考え方（仕向地主義）と合致しています。

　役務提供は基本的に人が行うものですから、その判定の原則は、人が現実に役務の提供をした場所です。外国で役務提供をすれば、国外取引になります。

　しかし、役務提供地が具体的に 1 か所に特定できたり、1 か所ではなくともすべてが国内か国外かであったりすれば判定しやすいのですが、提供地が明らかではない場合などは、その役務提供に係る事務所等の所在地で行うことになっています。

（2）提供の場所が明らかでない役務

　役務提供のうち、一連の役務が国内及び国外にわたって提供されるものや、その提供が行われた場所が明らかでないものは、役務提供を行う者のその役務提供に係る事務所等の所在地で判定します（消令 6 ②六）。割り切り基準です。

　例えば、「国外で情報収集した結果を日本で分析検討し、報告書を作成して依頼者にプレゼンする取引」は、国内及び国外にわたって行われる役務提供に該当します。

　そうすると、内外判定はその役務提供に係る事務所等の所在地で行うことになるのですが、その前に、具体的な場所を特定できない場合であっても、その役務提供に係る契約において役務の提供場所が明らかにされている場合には、その場所で判定することになっています（消基通 5-7-15）。

　また、契約等において、国内の役務と国外の役務の内容と対価が合理的に区分されている場合には、その区分によります。

　これらの観点から判定できないものについては、役務提供者のその役務提供に係る事務所等の所在地で内外判定を行います。

役務提供の内外判定方法

役務提供の場所	判定方法
明らかに１か国だけのもの	その場所（国）
具体的な場所を特定できなくとも、契約で役務の提供場所が明らかにされているもの	契約で定められた場所（国）
役務提供の場所が明らかにされていないものや、一連の役務が国内・国外の間で連続して行われるもの、同一の者に対して行われる役務が国内と国外の双方で行われるもののうち、その対価が合理的に区分されていないもの	役務提供者の役務提供に係る事務所の所在地（国）

（3）専門的な知識を必要とする役務

役務提供に係るやや異色な内外判定基準として、「生産設備等」の建設・製造のための、専門的な知識を要する役務提供に係る基準が定められています（消令6②五）。

まず生産設備等とは、「建物（附属設備を含む）又は構築物」、「鉱工業生産施設、発電及び送電施設、鉄道、道路、港湾設備その他の運輸施設又は漁業生産施設」、及び「これらに準ずるものとして財務省令（消規2）で定めるもの」です。

次に、対象となる役務提供は、生産設備等の建設、製造に係る「専門的な科学技術に関する知識を必要とする調査、企画、立案、助言、監督又は検査に係る役務提供」とされています。

そして、上記に該当する役務提供の場所の判定は、「その生産設備等の建設又は製造に必要な資材の大部分が調達される場所」で行うこととされています。

典型的なものでは、製造用プラントや工業用の大規模設備の工事における企画、指導、監督業務など専門性のある役務提供が該当します。

このような役務提供の場所は、実際の役務提供地（海外プラント工事であればその国外の現場）ではなく、そのプラント工事に必要な資材の

「大部分」が調達される場所に基づいて判定されます。大部分とは「価格で半分以上」が基準になると考えられますが、明確な基準は示されていません。

　この内外判定基準は、他の基準と比べてかなり異質で、実務上は情報不足で判定不能な場合も多くあると思われます。例えば、海外プラント工事を行う大規模企業の下請けで、現地での専門分野における管理や指導を請け負った事業者が、元請けの大規模企業から「プラント工事全体の資材の調達国と価格」を開示してもらうことは、かなり難しいのではないでしょうか。その意味で、実務上の適用に課題を残す内外判定基準だと思います。

5 ● 電気通信利用役務の提供専用の内外判定基準

　電気通信利用役務の提供に対する特別な課税の制度は、国内で消費される無形資産や役務提供の輸入取引に輸入消費税が課税されない（＝国境税調整が行われない）状況を、インターネットを使ったデジタルサービスに関して修正し、課税するためのものです。

　内外判定の割り切り基準によって役務の消費される国では不課税になり、国境税調整の規定もないという課税の空白状態を是正して消費地国で課税するためには、インターネットによるデジタルサービス取引に係る内外判定基準そのものを変えて、国内（課税）取引にする必要がありました。そこで、まず対象となる電気通信利用役務の提供を定義し（消法2①八の三）、それに該当する取引に係る専用の内外判定基準が設けられました。基準は「電気通信利用役務の提供を受ける者の住所地で内外判定する」（消法4③三）というもので、それまで使われてきた「役務の提供者の事務所等の所在地」から、完全に逆転しました。これによって、国外から提供を受ける電気通信利用役務については、消費地と課税地が一致したことになります（Ⅳ2参照）。

Ⅱ 輸入消費税

1 ○ 税関を通る輸入

（1）輸入とは

　税関を通る輸出入に係る消費税の制度は、考え方も手続面も、関税法がベースになっています。国外（不課税）取引で入手した資産を国内に持ち込むとき、すなわち輸入するときに、価格競争に対する消費税の中立性を守り、国内事業者が不利にならないように課税されるのが輸入消費税です。

　消費税法には、「保税地域から引き取られる外国貨物には、……消費税を課する（消法4②）」とあっさり書かれています。ここには「保税地域」と「外国貨物」という関税法の用語がそのまま登場します。

　関税法は輸入を、「外国から本邦に到着した貨物……を本邦に（保税地域を経由するものについては、保税地域を経て本邦に）引き取ることをいう」と定義しています（関税法2①一）。

　定義の後半部分の、貨物を「保税地域を経て本邦に引き取る」という部分が、輸入消費税の課税の流れと重なっているのです。

（2）外国貨物

　外国貨物と保税地域は、輸出免税の制度でもキーワードになってきますので、ここで整理します。

　まず外国貨物とは、消費税法の定義では「関税法第2条第1項第3号（定義）に規定する外国貨物……をいう」（消法2①十）とされており、関税法に丸投げになっています。その関税法は、外国貨物とは、「輸出の許可を受けた貨物及び外国から本邦に到着した貨物……で輸入が許可される前のものをいう」（関税法2①三）としています。

外国貨物（消法 2 ①十、関税法 2 ①三）	
①輸入する貨物	②輸出する貨物
外国から日本に到着した貨物で、まだ輸入申告や関税、消費税の納税が済んでおらず、輸入許可書が取得できていない状態のもの	日本から外国に向けて送り出す貨物で、すでに輸出申告が済んで輸出許可書を取得しているが、まだ船舶等に積み込んでいない状態のもの

　これに対して「内国貨物」とは、「本邦にある貨物で外国貨物でないもの」（関税法 2 ①四）をいいます。輸入許可によって外国貨物は関税法上の内国貨物となり、税関の管轄を離れて、輸入者が自由に使えるようになります。

　ここで大事な点は、外国貨物とは「すでに輸出許可を受けた貨物」か、又は「まだ輸入許可を受けていない貨物」であるということです。輸出入の許可を境目にして、貨物のステイタスが変わるのです。国内にあってこれから輸出しようとする貨物（まだ内国貨物）は、保税地域に搬入された後に輸出許可を受けると外国貨物になります。また、輸入のために外国から日本に到着した貨物（まだ外国貨物）は、保税地域に搬入された後に輸入許可を受けると内国貨物になります。この点は、輸出免税の適用にも関係してきます（**第 3 章Ⅴ**参照）。

貨物の内国・外国ステイタスの変化

（3）保税地域

　次に保税地域ですが、消費税法の定義では「関税法第29条（保税地域の種類）に規定する保税地域をいう」と、こちらもあっさりと丸投げです（消法2①二）。関税法では、「保税地域は、指定保税地域、保税蔵置場、保税工場、保税展示場及び総合保税地域の5種とする」（関税法29）としています。各保税地域の概要は次のとおりです。

	名称	概要
①	指定保税地域	外国貨物の輸出入に使われる埠頭やコンテナターミナルなどの公共施設
②	保税蔵置場	外国貨物を蔵置できる税関長の許可を得た民間倉庫（いわゆる保税倉庫）
③	保税工場	関税・消費税を保留したまま、外国貨物の加工等ができる民間工場
④	保税展示場	国際博覧会や国際見本市など、外国貨物の展示ができる場所
⑤	総合保税地域	一部の空港など、上記の機能を併せ持つ総合的な保税地域

　5種類の保税地域に関しては関税法の別の条文でそれぞれ詳しく定められていますが、保税地域を簡単にいえば、「輸出入通関手続きが済む（税関に申告し、検査や関税・消費税の納付が済み、輸出入が許可される）まで貨物を保管する場所」です。

　関税法はまた、「外国貨物は、保税地域以外の場所に置くことができない」（関税法30）と定めています。したがって、輸入許可前又は輸出許可後の貨物は、原則として保税地域にしか置けません。しかし、保税地域に置かれている外国貨物の状態のままでも譲渡や貸付けはできますし、加工、製造、展示などが行える保税地域もあります。

（4）課税対象は「引き取られる外国貨物」

　輸入消費税の課税対象は、保税地域から引き取られる外国貨物です（消法4②）。国内取引では「取引」という行為が課税対象になるのに対して、こちらは外国貨物という「物体」が課税対象で、国内取引に係る消費税とは一線を画しています。国境税調整として国内取引とは別建ての課税を行い、輸入資産をすでに国内に存在する消費税が課税済みの資産と同じ状態に置くためです。

　そして、外国貨物のうち消費税法別表第2の2に掲げられているものは、輸入消費税が非課税になります（消法6②）。有価証券等、郵便切手類、印紙、証紙、物品切手等、身体障害者用物品、教科用図書です。これらの非課税貨物を除いた外国貨物を「課税貨物」（消法2①十一）といいます。また、課税貨物のうち飲食料品（消費税法別表第1の2）を、軽減対象課税貨物（消法2①十一の二）といいます。

　外国貨物の引取りは国内取引とは異なり、「事業として対価を得て行われる」ものに限りません。外国貨物の対価が無償であっても、輸入消費税の課税は行われます（消基通5-6-2）。

（5）納税義務者

　輸入消費税の納税義務者は、「外国貨物を保税地域から引き取る者」で、外国貨物のうちの課税貨物について、その引取者（輸入申告の名義人）が納税義務を負います（消法5②）。

　納税義務者は外国貨物を引き取るすべての者ですので、国内取引の消費税のように課税事業者だけではなく、免税事業者や最終消費者も含まれます。

（6）課税標準と税率

　課税標準は、関税定率法第4条以下の規定に準じて計算した、いわゆるCIF価格です（**第3章Ⅵ参照**）。原則として、「輸入貨物の代金＋運

賃＋保険料」に関税と消費税以外の消費税等（通法2三）を加えたものになります（消法28④）。税金の上に税金がかかる形になりますが、国内取引と同様の取扱いになっています。

　国内取引に係る消費税の課税標準は「取引の対価の額（経済的利益を含む）」（消法28①）ですから、寄附されたものなど対価のない取引は課税対象になりません（不課税）。しかし、輸入消費税に関しては、国外で無償で譲り受けた貨物の輸入でもその評価額（関税定率法4の2、4の3他）を決めてそこに運賃と保険料を加えるというCIF価格の計算をしますので、課税標準が算出されます。

　税率は国内取引の消費税と同様に7.8％で、軽減対象課税貨物については6.24％です。

2。国内取引に係る消費税との違い

　国内取引に係る消費税と輸入消費税は、税率や仕入税額控除の対象になることは同じですが、これまで触れてきたような相違点があります。主な点は次のとおりですが、これらはそのまま税務処理のミスにつながりかねませんので、注意が必要です。

輸入消費税と国内取引に係る消費税の相違点

項目	輸入消費税	国内取引の消費税
納税義務者	貨物を引き取る者（輸入申告者）	課税事業者
課税標準	CIF価格＋関税等	課税資産の譲渡等の対価の額
申告手続	輸入の都度、税関の輸入申告で納税	課税期間毎に合計し、税務署の確定申告で納税
仕入税額控除の時期	輸入の許可を受けた日	課税仕入れを行った日

3 ● 税関を通らない輸入

　国内取引の消費税との間に相違点があるとはいえ、国境税調整として輸入消費税を課税することにより、税関を通る貨物に関しては、消費税は中立性を保っています。

　しかし、前述のとおり税関を通らない無形資産や役務の輸入に対しては、国境税調整を行う規定がありません。したがって、これらの輸入取引に係る課税の有無は単純に内外判定によって決まりますので、消費税が中立を保てない状況が生じています。これを部分的に補う方策が電気通信利用役務の提供に係る特別の課税方法なのですが、無形資産や役務の輸入に係る課税については、内外判定の基準の見直し等を含めて、さらなる適正化を図る必要があると思います。

4 ● 納税手続きと書類の保存

　輸入消費税の申告と納税は、輸入申告と同時に行います（消法 47）。それに基づいて税関長から輸入許可書が交付されますが、輸入許可書は保税地域に留め置かれている貨物の国内への引取りに必要であるとともに、仕入税額控除の要件として原則 7 年間の保存義務があります（消法 30 ⑦⑨五、消令 49 ⑧、50 ①）。

　税関で納付した消費税額は、仕入税額控除の対象になります。仕入税額控除のタイミングは、消費税法では「保税地域から引き取った日の属する課税期間（消法 30 ①三）」とされていますが、実務的には輸入許可の日になります（消基通 11-3-9）。

　輸入申告から輸入許可までの所要時間の平均は、海上貨物で 2.1 時間（財務省『第 12 回輸入手続の所要時間調査』（平成 30 年 3 月中の調査））と短いので、多くの場合は「税関への申告納税の日＝輸入許可日＝仕入税額控除できる日」となるでしょう。

　しかし、もし税関による現物検査や他官庁の許認可の審査などに時間がかかり、申告納税と輸入許可の日が決算期をまたぐようなことにでもなれば、仕入税額控除ができるのは新しい事業年度（課税期間）の方ですので、注意が必要です。

　輸入取引はそもそも国外（不課税）取引で、しかも税関での納付は国への直接の納税ですから、インボイス制度は全く関係してきません。輸入許可書等の証明書類の保存と適切な帳簿記載（消法30⑧三）が、仕入税額控除の要件になります。

　なお、通関手続きの迅速化・簡素化のための制度の1つに、特例輸入者制度があります。これは、事前に税関長の承認を受けて、原則として一体の手続きである納税申告と輸入許可を分離し、貨物が日本に到着して保税地域に搬入する前に輸入申告を済ませて輸入許可を得る方法です。

　この場合、関税や消費税の申告納税（特例申告という）は、関税と合わせて貨物の引取り日（輸入許可日）の属する月の翌月末日までに行います（関税法7の2、消法47）。

Ⅲ　輸出免税

　輸出免税は、海外取引消費税の主要 4 制度の中で、最も問題になることが多い項目でしょう。国境税調整の 1 つとして、内外判定では国内（課税）取引になるもののうち、資産の引渡しが関税法の輸出に該当する場合には消費税を免除する制度です。また、無形資産の譲渡・貸付けや役務提供については、非居住者に対して行う取引を輸出類似取引として、消費税が免除になります。

　ところで、ここでいう免税は、「消費税の免税事業者」というときの免税と少々意味が違います。免税事業者とは事業者自身の消費税の申告納税義務が免除されるもので、小規模な事業者である個人や法人に対する属人的な措置です。税法には「消費税を納める義務を免除する」と書いてあります（消法 9 ①）。義務そのものがないのですから、納税も還付もありません。

　一方、輸出免税の方は、税法には「消費税を免除する」と書いてあります（消法 7）。取引に係る課税は免除になりますが、そのために要した国内での課税仕入れに係る仕入税額控除は、国内の課税売上げと同様に行うことができます。ということは、輸出免税とは、ゼロ税率で課税することを免税と呼んでいるようなものです。現在の消費税は 10 ％と 8 ％の 2 段階ですが、もう一つ、輸出取引にだけ適用になる「0 ％」という税率がある 3 段階の複数税率になっている、とイメージしてみてください。

1 ● 輸出免税の適用範囲

　輸出免税の対象範囲は消費税法第 7 条第 1 項と消費税法施行令第 17 条の各項に定められていますが、その内容が消費税法基本通達 7-2-1 に

簡潔にまとめられています。それを、対象となる資産の種類ごとに順番を整理して表にすると、次のとおりです。

対象資産等		輸出免税が適用になる取引の内容
有形資産	（1）	本邦からの輸出（関税法2①二）として行われる資産の譲渡又は貸付け
無形資産	（2）	非居住者に対する消費税法施行令第6条第1項第4号から第8号まで（無形固定資産等の所在場所）に掲げる無形固定資産等の譲渡又は貸付け
役務提供	（3）	非居住者に対する役務の提供で、国内において直接便益を享受するもの以外のもの
国際輸送国際通信	（4）	国内及び国外にわたって行われる旅客又は貨物の輸送
	（5）	国内と国外との間の通信又は郵便若しくは信書便
外航船舶関係	（6）	外航船舶等の譲渡又は貸付けで船舶運航事業者等に対するもの
	（7）	外航船舶等の修理で船舶運航事業者等の求めに応じて行われるもの
	（8）	専ら国内と国外又は国外と国外との間の貨物輸送に使われるコンテナーの譲渡、貸付けで船舶運航事業者等に対するもの、又は当該コンテナーの修理で船舶運航事業者等の求めに応じて行われるもの
	（9）	外航船舶等の水先、誘導、その他入出港若しくは離着陸の補助又は入出港、離着陸、停泊若しくは駐機のための施設の提供に係る役務の提供等で船舶運航事業者等に対するもの
外国貨物関係	（10）	外国貨物の譲渡又は貸付け
	（11）	外国貨物の荷役、運送、保管、検数又は鑑定等の役務の提供

　後半の方にはずいぶん細かい規定もありますが、この中で多くの事業者に共通する取引は、(1) の有形資産の税関を通しての輸出、(2) の非居住者への無形資産の譲渡・貸付け、(3) の非居住者に対する役務提供の 3 点でしょう。

　この他にも、国際輸送や国際通信などの役務提供（(4)・(5)）、外航船舶に係る譲渡・貸付けや一定の役務提供（(6) 〜 (9)）、外国貨物に係る譲渡・貸付けや一定の役務提供（(10)・(11)）など、当事者となる事業者がかなり限定された取引に関する輸出免税の規定があります（消法 7 ①二〜四、消令 17 ①②一〜五）。これらについては第 3 章のテーマ別論点（第 3 章Ⅳ〜Ⅴ）で整理することにして、上記の中心的な 3 点を見て行きます。

2 ● 税関を通る輸出

(1) そもそも「輸出」とは

　輸出免税の基本は、国内からの「輸出」として行われる資産の譲渡又は貸付けです（消法 7 ①一）。輸入のところでも触れましたが、消費税は輸出入に関して、考え方も手続きも関税法をベースにしています。

　関税法は、輸出を「内国貨物を外国に向けて送り出すことをいう」と定義しています（関税法 2 ①二）。消費税法で輸出といえば、これを指します（消基通 7-2-1 (1)）。

　さらに関税法は、「貨物を輸出し、又は輸入しようとする者は、……必要な事項を税関長に申告し、……その許可を受けなければならない」（関税法 67）としています。輸出とは、まず税関長に申告をし、輸出の許可を受けて、それから貨物を国外に送り出すという一連の手続きが不可欠な取引形態です。

　したがって、「本邦からの輸出として行われる資産の譲渡」（消法 7 ①一）を言い換えれば、「関税法の輸出の手続きを踏むことが資産の引渡

しとなる資産の譲渡」となります。

（2）輸出免税の対象者

　輸出免税が適用される対象者は、税関に輸出申告をしてその名前で輸出許可書が交付された、輸出者本人です。輸出免税は輸出の証明がなければ適用できず（消法7②）、その証明が輸出許可書です（消規5①一）。

　ですから、大きな観点からは輸出に見える取引でも、例えば「輸出される物品の製造のための下請加工」や、「輸出取引を行う事業者に対して行う国内での資産の譲渡等」などは、輸出免税の対象になりません（消基通7-2-2）。

　また、輸出許可書の名義人が対象者になりますから、例えば事業者Aが輸出手続きを他の事業者Bにしてもらった場合に、BがAの名前で手続きする分には問題ありません。財務大臣の許可を得ている通関業者に依頼する場合などがこの形になります。しかし、Bが商社や輸出代行業者であって、B自身の名義で輸出申告や許可を取得した場合には、Aは輸出許可の名義人ではなくなりますので、輸出免税が受けられなくなります。この場合、輸出免税を受けられるのは原則としてBですが、国税庁が公表している一定の手続きを踏むことで、Aが輸出免税を受けられる道も残されています（**事例12**参照）。

（3）不課税や非課税の取引が輸出免税に変わる

　販売のためではなく、資産の保管場所を国外に移すためだけの輸出（不課税の国外移送）や、非課税資産を輸出する場合であっても、それが関税法の輸出の手続きを取られる限り、それらを「課税資産の譲渡等に係る輸出取引等に該当するものとみなして」、輸出免税の適用があります（消法31①②）。

　不課税でも非課税でも輸出免税でも、消費税がかからないのは同じことですが、消費税法第31条でいう輸出免税の適用とは、仕入税額控除

の計算、すなわち消費税法第 30 条の適用上、輸出免税と同様の取扱い
を受けるということです。したがって、課税売上割合の計算上、対価の
額が分母と分子の両方に算入されます。これで、不課税（分母にも分子
にも算入されない）や非課税（分母にのみ算入される）の場合と比べて
課税売上割合が高くなります。また、仕入税額控除を個別対応方式に
よっている場合には、輸出する資産に係る課税仕入れの消費税は、それ
が非課税資産であっても「課税資産の譲渡等にのみ要するもの」となり
ます。

　国外移送とは、国外で販売するためや、国外支店などで使用するため
に資産を輸出する場合などです。これらの行為そのものは事業者の内部
における「資産の単なる移動」で、譲渡や貸付けに該当しませんから不
課税です。しかし、その資産は今後、国外で消費されることになります
ので、国境税調整として輸出免税の規定が適用されるのです。なお、国
外移送の場合の取引価格は、いわゆる FOB 価格を使います。

　また、非課税資産の輸出についても、国内取引だけに適用される非課
税の規定より、国際的な観点から定められている国境税調整（輸出免
税）の方が優先されるということです。これらの点は、第 3 章のテーマ
別整理でも取り上げます（第 3 章Ⅲ）。

3 ● 税関を通らない輸出（輸出類似取引）

　輸出免税は、税関を通る有形資産（貨物）の輸出取引だけではなく、
税関を通らない無形資産や役務提供の取引に対しても適用があります。
これらの取引は、輸出取引に類するもの（輸出類似取引）として規定さ
れています（消法 7 ①五、消令 17 ②六、七）。

（1）「非居住者」に対する取引を対象にする

　輸出類似取引とは、「非居住者に対する無形資産の譲渡又は貸付け（消

令17②六）」と、「非居住者に対する役務の提供（消令17②七）のことです。

　税関で行う輸出手続きの代わりに、取引相手が非居住者かどうかで輸出免税の適用の可否を判断するわけです。

　当然ながら、無形資産の譲渡等や役務提供も輸出免税になるためには、まず内外判定で国内取引に該当することが大前提です。国外取引であれば輸出免税の適用以前に不課税ですが、輸出免税と不課税では課税売上割合の計算が異なってきます。

（2）消費税法の非居住者は所得税や法人税と違う

　ここで要件となる「非居住者」は、所得に係る国際課税上の最重要単語である所得税法上の非居住者の定義（所法2①五）とは違ったものです。

　消費税法上の非居住者の定義は「外国為替及び外国貿易法」を引用しています（消令1②一、二）。そこには法人も含まれ、個人の判定に使う滞在日数の要件も所得税法とは少し違っています（外為法6①五、六、「外国為替法令の解釈及び運用について（昭和55年11月29日付蔵国第4672号）」）。

　外為法の「居住者」は、本邦内に住所又は居所を有する自然人と、本邦内に主たる事務所を有する法人をいいます。さらに、非居住者の本邦内の支店や出張所その他の事務所は、法律上の代理権の有無にかかわらず、居住者とみなされます（外為法6①五）。そして、「非居住者」とは、居住者以外の自然人及び法人をいいます（外為法6①六）。

　ですから、日本に住所を持たない個人は消費税法上も所得税法上も非居住者ですが、その非居住者が日本に支店や事業所を持っていれば、そこは消費税法上の「居住者」に該当します。これに対して所得税法では、支店は居住者ではなく「非居住者の恒久的施設（PE）」です。

　同様に、外国に本店登記のある外国法人の日本支店は消費税法上は居

消費税法上の居住者と非居住者

居住者	本邦人	原則、居住者として取り扱う
	外国人	日本にある事務所に勤務する者、入国後 6 か月以上経過した者
	法人等	日本に主たる事務所を有する法人等、<u>非居住者の日本にある事務所等</u>
非居住者	本邦人	外国の事務所に勤務する目的で外国に滞在する者、2 年以上外国に滞在する目的で出国し外国に滞在する者、出国後外国に 2 年以上滞在するに至った者
	外国人	原則、非居住者として取り扱う
	法人等	日本に主たる事務所を有さない法人等、居住者の外国にある事務所等

住者ですが、法人税法では「外国法人の PE」です。反対に、日本に本店登記のある法人の海外支店は、消費税法では非居住者になります。

　なお、「本邦」も税法ではあまり使われない用語ですが、本州、北海道、四国、九州及び財務省令・経済産業省令で定めるその附属の島をいいます（外為法6①一）。

（3）無形資産の輸出

　無形資産は、その譲渡又は貸付けが非居住者に対して行われるものが輸出免税とされています。輸出免税が適用される無形資産の範囲は、内外判定の規定で列挙された範囲（Ⅰ.3 参照）と同じで、「消費税法施行令第 6 条第 1 項第 4 号から第 8 号まで」に掲げられるものです（消令17②六）。

　したがって、無形資産に係る海外取引（譲渡・貸付け）を行う場合には、まず消費税法施行令第 6 条の区分に基づいて内外判定を行い、国内取引となれば次に「譲渡・貸付けの相手が非居住者か否か」によって輸出免税の適用を検討することになります。

（4）役務提供の輸出

　役務提供で、特に個別の規定が置かれていないものについては、内外判定で国内取引に該当する役務提供であって、非居住者に対して行われるものが輸出免税になります（消令17②七）。

　個別の規定が置かれているものとは、国際輸送・国際通信（消法7①三）、外航船舶等に対する修理や役務提供等（消令17①三、②一〜三）、外国貨物に対する役務提供（消令17②四）、国際郵便等（消令17②五）です。これらはかなり限られた事業者が行う専門的な役務なので、第3章のテーマ別論点（第3章Ⅳ、Ⅴ、Ⅶ）で別途整理します。

　なお、提供者側で輸出免税に該当するサービスの買手は、仕入税額控除ができないことになります。外国に行く航空運賃は航空会社側では輸出免税、乗客側では仕入税額控除の対象にならない支払いです。インボイス制度の下では、仕入税額控除ができるかどうかはインボイスの有無で決まりますので、判定は楽になりました。

　ただし、役務提供の輸出免税には、次のような大きな例外がありますので、注意が必要です。

4 ◦ 輸出免税にならない非居住者への役務提供

　役務提供の輸出免税に係る大きな例外とは、役務提供の相手が非居住者であっても、「その相手が国内において直接便益を享受する役務提供」と、「日本に事務所等を有する非居住者への役務提供」の2点です。輸出免税は国内（課税）取引の例外としての免税ですが、これらに該当すると、例外の例外として普通の国内（課税）取引に戻るということです。国内取引となれば、当然ながらインボイス制度の対象になります。

役務提供の相手の違いによる不課税と輸出免税の違い

	内外判定	提供相手	課税関係
1	国外	非居住者	不課税
2		居住者	
3	国内	非居住者	（原則）輸出免税
4			（例外）輸出免税の対象外で課税
5		居住者	課税

（1）日本国内で便益が享受される役務提供

　非居住者が享受する役務提供の便益が日本国内で完結する取引は、輸出免税の対象から除外されます。消費税法施行令には、「国内に所在する資産に係る運送又は保管」（消令 17 ②七イ）、「国内における飲食又は宿泊」（同ロ）、そして「イ及びロに掲げるものに準ずるもので、国内において直接便益を享受するもの」（同ハ）が挙げられています。

　これをもう少し細かくした例が、基本通達に挙げられています（消基通 7-2-16）。

消費税法基本通達 7-2-16 の例示	
①	国内に所在する資産に係る運送や保管
②	国内に所在する不動産の管理や修理
③	建物の建築請負
④	電車、バス、タクシー等による旅客の輸送
⑤	国内における飲食又は宿泊
⑥	理容又は美容
⑦	医療又は療養
⑧	劇場、映画館等の興行場における観劇等の役務の提供
⑨	国内間の電話、郵便又は信書便
⑩	日本語学校等における語学教育等に係る役務の提供

　表の①は消費税法施行令第 17 条第 2 項第 7 号のイ、⑤はロです。そ
れ以外の例が、施行令のハの例示になります。典型的には、外国人が日
本に観光に来たときに受ける種々のサービスのイメージです。国内で役
務を提供する側からすれば、非居住者かそうでないかを区別するのが難
しいサービスともいえます。
　一方、②や③の取引などは対価が大きくなる場合もあると思います
が、国内から動きようがない不動産に対する役務提供は、相手が非居住
者であっても輸出と同視できないということでしょう。
　また、日本語学校やビジネススクール、セミナーなどでの教育や研修
も、それが国内で行われる限り、輸出免税の対象から除かれています。
非居住者に対する教育や研修の効果は、その後国外で発揮されると考え
ることもできますが、将来の効果の発生が期待される場所ではなく、教
育や研修の実施という役務提供が国内で終了したことをもって、便益の
享受が完了したというとらえ方です。

（2）　日本に事務所等を有する非居住者への役務提供

　輸出免税のもう 1 つの例外は、事業者が非居住者に役務を提供した場
合に、「その非居住者が国内に支店又は出張所等を有する場合」です。
　例えば、本店が外国で登記されている外国法人は消費税法上の非居住
者ですが、その日本支店は消費税法上の居住者になります（3（2）参
照）。そして、国内に支店等を有する非居住者に役務提供した場合に
は、まずは「その役務提供は日本の居住者である支店等を経由して行っ
たもの」と取り扱われて、輸出免税の対象にならないとされています
（消基通 7-2-17）。
　ただし、役務提供が次のすべての要件を満たす場合には、輸出免税を
適用して差し支えないとも規定されています。

国内に支店等があっても輸出免税が適用できる要件

①	役務提供が非居住者の国外の本店等との直接取引であって、国内の支店等はその役務提供に直接的にも間接的にもかかわっていない。
②	役務提供を受ける非居住者の国内支店等の業務が、その役務提供に係る業務と同種、あるいは関連する業務ではない。

　国内に支店等があっても、取引の経緯や契約内容、手続きや証拠書類の保存などから国外の本店等との直接取引であることが明らかにできれば、輸出類似取引として輸出免税の対象にできるということです。このためには、適切な証拠書類や取引経緯の記録と保存が重要になります。

5 ◦ 輸出の証明

　輸出免税の適用には、輸出したことの証明が必須です（消法7②）。本来は課税対象となる取引を免税にする一方で、課税仕入れに係る消費税を還付（仕入税額控除）する制度は、国境税調整の一環ですが、一種の優遇措置ともいえます。不正な還付申告を防止するために「確かに輸出したことの証明」が厳格な要件になっており、税務調査でも確認されます。

　証明は、次ページのような書類等の保存により行います（消規5①）。

　これらの輸出証明書類や帳簿書類を、輸出を行った日の属する課税期間の末日の翌日から2か月を経過した日から7年間、納税地又はその取引に係る事務所等の所在地に保存することにより、輸出が証明されたことになります（消規5①③）。所定の事項が記載された書類を一定期間保存しておくことが、証明の方法ということです。

　なお、輸出免税を受けられるのは、税関長が交付する輸出許可書の名宛人（＝税関へ輸出申告をする者）ですので、商社や代行業者が介在する場合には注意が必要です（2（2）、**第4章**［**事例12**］参照）。

　また、郵便を使って貿易する場合には、輸出入申告を省略できる制度があります。この場合には、証明書類が違ってきます。郵便の貿易については、第3章のテーマ別論点で整理します（**第3章Ⅶ**）。

輸出を証明する書類

	証明書類	要記載事項
税関を通る輸出	税関長が交付する関税法上の輸出許可書（一定の輸出の場合には税関長が証明した書類）	（1）輸出者の名称と住所等 （2）輸出の年月日 （3）品名と品名ごとの数量・価額 （4）仕向地（輸出先）
税関を通らない輸出類似取引	契約書その他の書類で一定事項が記載されたもの	（1）資産の譲渡等を行った事業者の名称と住所 （2）資産の譲渡等を行った年月日 （3）資産又は役務の内容 （4）対価の額 （5）相手方の名称と住所等

Ⅳ　電気通信利用役務の提供

　市場が急拡大する「インターネットを不可欠の手段として提供されるデジタルサービス」ですが、それが国外事業者から提供される場合は、国内で消費されるものであるにもかかわらず、内外判定では国外取引として課税ができない状態でした。これにより、内外事業者間の価格競争や課税の不均衡が生じていました。

　この状況を是正するために、電気通信利用役務の提供に係る課税ルールが平成27年度の税制改正で導入されました。次のような段階を踏んで課税する制度になっていますので、各段階の番号に沿って整理していきます。

　なお、以下では事業者向け電気通信利用役務の提供を「事業者向け提供」、それ以外のいわゆる消費者向け電気通信利用役務の提供を「消費者向け提供」と省略して記します。

1	【対象取引の定義】 課税の対象とする「電気通信利用役務の提供」の範囲を定義する（消法2①八の三）

2	【専用の内外判定基準】 定義された電気通信利用役務の提供に適用される「専用の内外判定基準」を設けて、取引を不課税から課税対象にする（消法4③三）

3	【事業者向け提供と消費者向け提供の区分】 国内（課税）取引となった電気通信利用役務の提供を、リバース・チャージ方式が適用される「事業者向け提供」と、適用されない「消費者向け提供」に分ける（消法2①八の四）

4	**【事業者向け提供の課税】** 事業者向け提供の取引にはリバース・チャージ方式を適用して、納税義務者を国外の役務提供者から国内の役務の受領者（ユーザー側）に転換する（消法5①）
5	**【消費者向け提供の課税】** ▶消費者向け提供の取引にはリバース・チャージ方式は適用されず、インボイス制度の下での「国内で行った課税仕入れ」となる（消法30①） ▶特定プラットフォーム事業者を介して提供された場合には、納税義務者が国外事業者から特定プラットフォーム事業者に転換されるが、国内ユーザー側の仕入税額控除への影響はない（消法15の2）

1 ◦ 対象取引の定義

（1）取引の範囲

　消費税法上の定義は、「資産の譲渡等のうち、電気通信回線を介して行われる著作物……の提供……その他の電気通信回線を介して行われる役務の提供……であって、他の資産の譲渡等の結果の通知その他の他の資産の譲渡等に付随して行われる役務の提供以外のものをいう」とされています（消法2①八の三）。

　非常に漠然としていて分かりにくいですが、国税庁は、次のようなインターネットやクラウドを介したサービスを例示しています（消基通5-8-3、国税庁消費税室「国境を越えた役務の提供に係る消費税の課税に関するQ&A（平成28年12月改訂）」から抜粋）。

電気通信利用役務の提供の例示

＊電子書籍・音楽・映像・ソフトウエアの配信
＊クラウド上でのソフトウエア、データベース、データ保存場所等の利用
＊ウェブサイト上での商品販売場所や宿泊等の予約サイトの提供、広告の掲載
＊インターネットを介して行う英会話教室
＊電話・電子メールによる継続的なコンサルティング

　あえてまとめれば、「インターネットという空間（場）の利用を不可欠とするデジタル財やサービスの提供取引」でしょうか。該当する取引は、大きく2つに分けられそうです。

　まずはインターネットを介してしか提供や使用許諾ができない商品（電子データ、ソフトウエア、スマホアプリ等）やサービス（データベースの検索やオンラインゲームなど）の提供です。次に、インターネット上の場（マーケットやマッチングサービスなどのデジタルプラットフォーム等）をビジネスの場所や機会として提供するサービスです。

（2）付随的な利用は該当しない

　ただし、ここに大きな注意点があります。インターネットの機能を使って何らかの役務提供が行われても、それが「他の資産の譲渡等に付随して行われるもの」である限りは、電気通信利用役務の提供から除かれるという点です。

　例えば、国内事業者Aが国外事業者Bの運営するインターネット上の通販サイトで、家具を買ったとします。BはAの申込みの受諾や代金決済で、インターネット上の機能を使うでしょう。このBの行為は、定義の中の「電気通信回線を介して行われる役務の提供」の部分に該当します。

　しかし、それはAがBから家具という「他の資産の譲渡等」を受け

る取引に付随して行われる役務です。ＡとＢの取引は家具を買うということであって、Ｂが行うインターネット上の通信は、あくまでそれに付随する役務提供です。

　したがって、ＡとＢの間で行われるインターネット上の通信は、電気通信利用役務の提供に該当しません。これはＡがＢから家具を買って輸入する取引ですから、家具を国内に引き取るときに輸入消費税がかかります。

　他の資産の譲渡等に付随してインターネットが使われる例としては、次のようなケースも挙げられます。

他の資産の譲渡等に付随して行われるインターネット利用の例

他の資産の譲渡等	付随して行われるインターネットを利用した役務提供
情報の収集・分析	現地国での特定の情報収集と分析を依頼し、結果の報告やプレゼン等に利用
著作物の譲渡	ソフトウエアの制作を依頼し、制作過程の指示や成果物受領に利用
資産の運用・管理	国外資産の運用、管理、移動等を依頼し、その指示や状況報告に利用

　このように、インターネットや電子メール等を利用した役務提供（注文確認、指示、報告や連絡等）を受けても、それが電気通信利用役務の提供とは別の「他の資産の譲渡等」に付随した利用である限りは、電気通信利用役務の提供に該当しません。

　その場合は、その資産の譲渡等の内容に応じた内外判定基準を適用することになります。取引でインターネットを使えば電気通信利用役務の提供に該当する可能性はありますが、付随した利用の範囲もかなり広いという点に留意してください。

2 ● 専用の内外判定基準

（1）逆転の発想

　定義に該当する電気通信利用役務の提供に対しては、専用の内外判定基準が適用されます。「電気通信利用役務の提供を受ける者の住所若しくは居所、又は本店若しくは主たる事務所の所在地」で判定するという基準です（消法4③三、④）。

　この住所や本店所在地等は、所得税法の居住者や法人税法の内国法人の判定と同様に考えます。したがって、日本の居住者や内国法人が電気通信利用役務の提供を受けた場合は、提供者の事務所が国内・国外のどちらであっても国内取引となります。専用の内外判定基準を新設して国外取引を国内取引に、すなわち不課税取引を課税取引に逆転させて、課税の根拠を確保したということです。

（2）内外判定基準だけではまだ不十分

　しかし、国内取引として課税対象にするだけでは、納税義務者は相変わらず国外事業者（役務提供者、売手）のままです。国外事業者が取引を課税対象と確実に認識して消費税を請求することは、そう簡単ではないでしょう。その上、国外事業者が国内事業者に消費税を請求して受領したとしても、それを国外から日本に適切に申告納税してくることは、さらに期待しにくいと思われます。「日本の税法なんてよく知らなかった」という国外事業者の声が聞こえてきそうです。

　そこで、消費税額の国境を越えた往復を防いで納税を確保するために、専用の内外判定基準と同時にリバース・チャージ方式が導入されました。リバース・チャージ方式は、納税義務者を国外の役務提供者ではなく国内の役務受領者とする、思い切った方法です。

3 ● 事業者向け提供と消費者向け提供の区別

（1）リバース・チャージ方式適用のための区別

　リバース・チャージ方式は、納税義務者を国内の役務受領者に転換する納税確保の強力な手段です。

　とはいえ、国内で電気通信利用役務の提供を受ける者には事業者も消費者もおり、消費者にはそもそも申告納税義務がありません。したがって、リバース・チャージ方式を適用して申告納税してもらうことが可能なのは、国内の事業者だけです。これが、電気通信利用役務の提供を「事業者向け提供」か、それ以外の「消費者向け提供」かに区分する理由です。リバース・チャージ方式の適用対象者を選別するということです。

　ここまでの定義と専用の内外判定基準は、電気通信利用役務の提供の全体に共通したものです。しかし、次の段階で事業者向け提供と消費者向け提供を区分すると、その先では、両者は全く別の取引といっていいほど税務処理が異なってきます。

（2）事業者向けと消費者向けを区分する基準

　事業者向け提供とは、「国外事業者が行う電気通信利用役務の提供」であって、その中で「その性質又は取引条件等から、その役務の提供を受ける者が通常、事業者に限られるもの」をいいます（消法2①八の四）。

国外事業者から電気通信利用役務の提供を受けた場合の区分	
事業者向け提供	**それ以外 （消費者向け提供）**
リバース・チャージ方式が適用され、役務の受領者（対価の支払者、ユーザー）が納税義務者になって申告納税する（納税額は仕入税額控除の対象になる）。	国内で行った課税仕入れとして、インボイスの保存を条件に仕入税額控除の対象になる。

　最初の注意点は、事業者向け提供とは「国外事業者」が提供する役務が大前提になっていることです。国内の事業者から受ける電気通信利用役務の提供は事業者向け提供の定義に該当せず、普通の国内の課税取引です。

　この国外事業者とは、所得税法上の非居住者（所法2①五）である個人事業者と、法人税法上の外国法人（法法2四）のことです（消法2①四の二）。これらの事業者が国内に事務所や支店を有していても、国外事業者に該当します（消基通1-6-1）。

　次の注意点は、役務の性質や取引条件などから見て、「そのサービスの提供相手が、通常は事業者に限られるものであること」です。

　例えば、アマゾンのアメリカ版などの外国法人が主催するプラットフォーム上のショッピングモールに商品の販売場所を提供してもらう取引や、宿泊や飲食の予約サイトへの掲載や予約手続きを代行してもらう取引、インターネット上に広告を掲載してもらう取引などは、「その性質から見て」、通常は事業者向けであることが客観的に明らかなものといえます。

　また、その性質から見て明らかに事業者向けとまではいえなくとも、当事者間で取引内容を個別に交渉して結んだ固有の契約に基づくサービスで、受け手がそれを事業に利用することが明らかなものは、「取引条件等から見て」、事業者向けに該当します（消基通5-8-4）。

　一方、一般的な電子書籍の購入などのように、事業者でも個人消費者でも申し込めば同じように提供されるサービスは、電気通信利用役務の提供には該当しても事業者向け提供には該当しません。サービスの提供相手が通常は事業者に限られる、というもの以外はすべて消費者向け提供になり、リバース・チャージ方式の適用はありません。

4。事業者向け提供の課税

　事務者向け提供に対してはリバース・チャージ方式が適用されて、納税義務者が国外の売手ではなく国内の買手（サービスの受領者、ユーザー）に転換されます。しかし、先に重要な点を記しますと、リバース・チャージ方式は現在のところ、課税売上割合が 95 ％以上の事業者には適用されません。税法に沿っていえば、「課税売上割合が 95 ％以上の課税期間においては、特定課税仕入れは当分の間なかったものとされる」（平成 27 年改正消法附則 42）ということです。この規定により、大多数の納税義務者は、リバース・チャージ方式の適用を考えなくていい状況が「当分の間」続きます。

（1）リバース・チャージ方式

　国が、税金を請求（チャージ）する先を転換（リバース）する課税方式をいいます。

　次の図のように、役務の受領者（事業者に限る）A が国外事業者 B から事業者向け提供を受けた場合に、リバース・チャージ方式が適用されます。その場合には、A が B に税込対価（110）を支払う代わりに税抜対価 100 だけを支払い、消費税 10 は B に代わって A が納税義務者となり、税務署に申告納税することになります。

　リバース・チャージ方式がなければ、本来の納税義務者は国外事業者 B なのですが、日本への納税を確実にするために、納税義務者を国内の

A に転換する方法です。

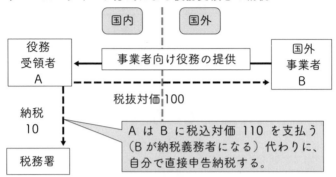

リバース・チャージ方式による役務受領者の納税

また、サービスの買手が納税義務者となる根拠を税法に沿って辿る
と、用語が少々ややこしいですが、次のようになります。

➢ 電気通信利用役務の提供に該当する取引（消法 2 ①八の三）の
うちで、事業者向け提供に該当する取引（消法 2 ①八の四）を
「特定資産の譲渡等」という（消法 2 ①八の二）。

➢ 事業として他の者（国外事業者）から特定資産の譲渡等を受け
ることを「特定仕入れ」という（消法 4 ①）。

➢ 特定仕入れであって課税仕入れ（消法 2 ①十二）に該当するも
のを「特定課税仕入れ」といい、事業者は国内で行った特定課
税仕入れにつき、消費税を納める義務がある（消法 5 ①）

➢ 課税標準は特定課税仕入れに係る支払対価の額（消法 28 ②）、
税率は 7.8/100 となる（消法 29 一）。

特定課税仕入れを行った事業者は、税抜対価を取引相手（国外事業
者）に支払うと同時に、その支払対価を課税標準として 7.8 ％の消費税
の納税義務が生じます。そして特定課税仕入れは上記のとおり課税仕入
れの一種ですから、リバース・チャージ方式で納税した消費税額は、仕

入税額控除の対象にもなります。

　このように見て行くと、リバース・チャージ方式による課税の方法は、輸入消費税の課税と同じ仕組みであることが分かります。商品の輸入者が、税抜対価を国外の売手に支払うとともに自ら税関に輸入消費税を納税し、その税額が仕入税額控除の対象になるのと同じです。国境税調整という目的が同じなので、仕組みも似たものになるのでしょう。

（2）「なかったことにする」とはどういうことか

　しかし前述のとおり、課税売上割合が95％以上である課税期間においては、当分の間はリバース・チャージ方式の適用がありません。特定課税仕入れが「なかったもの」とされるのです。リバース・チャージ方式による納税の必要はなく、納税がないので仕入税額控除もできません。したがって、今のところほとんどの事業者にとっては、リバース・チャージ方式とは「間違って適用してしまわないために、念のため知っておくべきもの」です。

　リバース・チャージ方式が適用される特定課税仕入れとは、「特定仕入れ＋課税仕入れ」というハイブリッド用語で、課税対象（特定仕入れ）の顔と、仕入税額控除の対象（課税仕入れ）の顔とを合わせ持っています。仮に課税売上割合が100％なら、同じ消費税額が、課税と控除の完全な両建てになるわけです。

　そうであれば、納付すべき消費税額は差引きゼロですから、もともと両方計上しなくとも同じことです。課税と仕入税額控除で同額が両建てになるなら初めから何もしない、というのが「なかったものとする」の意味です。課税売上割合の計算にも関係ありません。不課税です、といっているのと同じことです。

　多くの事業者が課税売上割合95％以上だと思いますが、これは課税仕入れに係る消費税の全額を仕入税額控除できる、いわゆる「95％ルール（消法30②）」と同じ水準です。しかも、リバース・チャージ方式の

判定の方には、「課税売上高が5億円以下」の基準はなく、特定課税仕入れを行った課税期間の課税売上割合だけで判定します。また、簡易課税で申告する課税期間も同様に、特定課税仕入れはなかったものとなります（平成27年改正消法附則44②）。

（3）事業者向け提供を行う事業者の事前の表示義務

　特定資産の譲渡等（事業者向け電気通信利用役務の提供）を行う国外事業者は、国内の取引先（特定課税仕入れを行う事業者）に対して、前もって「この取引がリバース・チャージ方式の対象となる旨」を表示する義務があります（消法62）。

　例えば、役務提供の内容等を紹介しているインターネット上の説明やカタログなど、取引相手が容易に認識できる場所に、「日本の消費税は役務提供を受けた事業者が納税することとなる（リバース・チャージ方式の対象取引である）」などの表示を行うことです。

　また、当事者が個別に取引内容等を交渉する場合は、その過程で書類やメールなどにその旨を明記する必要があります（消基通5-8-2）。

　しかし、この表示はリバース・チャージ方式の適用要件にはなっていません。したがって、仮に国外事業者がこの義務を怠り、表示をしていなかったとしても、ユーザー側にはリバース・チャージ方式が適用されて納税義務が転換されますので、注意が必要です（消基通5-8-2（注））。

　表示が確認できればそれでいいのですが、現実的には役務の受け手側でも、受ける役務の性質や当事者間の個別の契約内容等からリバース・チャージ方式の該当性を検討し、時には相手に確認することも必要でしょう。

5 ● 消費者向け提供の課税

（1）事業者に提供されても消費者向け提供

　電気通信利用役務の提供を、事業者向け提供とそうでないもの（消費者向け提供）に区分したのは、事業者向け提供に対してリバース・チャージ方式を適用するためです。したがって消費者向け提供にはリバース・チャージ方式はありません。

　消費者向け提供とは「消費者だけしか相手にしない取引」という意味ではなく、消費者でも事業者でも、申し込めば誰でも同じサービスが受けられる取引のことです。電子書籍や音楽、画像や映像、ゲームなどのデジタル財やアプリなどをインターネットを介してデータで購入したり、クラウド上のソフトウエアや一般的なデータベースが利用できるサービスを受ける等の取引が該当するでしょう。

　事業者にとっても、専門的な電子書籍や事業に使う画像データ等の購入など、「事業のために消費者向け提供を受ける」機会は多いのではないかと思います。消費者は申告納税しませんが、事業者にとっては、この課税仕入れが仕入税額控除の対象になるか否かは重要なところです。

（2）消費者向け提供は事業者には普通の課税仕入れ

　消費者向け提供も、ユーザーの住所地が国内であれば専用の内外判定で国内取引となり、普通の課税仕入れになりますので、インボイスの交付を受けて保存することで、仕入税額控除が適用できます。言い換えれば、国外事業者である役務提供者が適格請求書発行事業者の登録をしていなければ、仕入税額控除はできません。事業者向け提供と違って、課税関係は単純です。

　なお、インボイス制度の導入前は、消費者向け提供を受けた対価は、「当分の間、仕入税額控除はできない」とされていました（平成 27 年改正消法附則 38）。この例外として、国外事業者が「登録国外事業者」で

ある場合にだけは仕入税額控除が可能でした。しかし、登録国外事業者の制度はインボイス制度の先取り的な制度でしたので、インボイス制度導入とともにそこに吸収され、発展的に廃止になりました（**第 3 章 I 6 (3)** 参照）。

6 ● まとめと証拠書類

　電気通信利用役務の提供を受けた場合の納税義務や仕入税額控除の取扱いをまとめると、次ページの図のようになります。定義に該当する取引か否かと、該当する場合に事業者向け提供に該当するか否かの 2 つの判定が重要なポイントです。

　事業者向け提供に該当してリバース・チャージ方式が適用になる場合は、対価の支払者がそのまま納税者にもなりますから、インボイス制度の影響はありません。リバース・チャージ方式により課税になった消費税額は、帳簿の記載だけで仕入税額控除の対象とすることができます（消法 30 ⑦）。この場合は、特定仕入れに係る旨の記載が必要になります（消法 30 ⑧）。

電気通信利用役務の提供に係る課税の流れ

電気通信利用役務の提供（定義）に該当するか？
→該当する場合は専用の基準で内外判定→国外取引なら不課税

事業者向けか消費者向けか？
→「①国外事業者から受けた、②通常、事業者に限られる役務」は
事業者向け、それ以外は消費者向け

事業者向け（＝特定課税仕入れ）	消費者向け（＝普通の課税仕入れ）
➢ 納税義務者が国外の役務提供者から国内の役務受領者（ユーザー）に転換される（リバース・チャージ方式） ➢ 納税額はそのまま課税仕入れに係る消費税額となり、仕入税額控除可能 ➢ ただし、課税売上割合95％以上の事業者は、当分の間、特定課税仕入れはなかったこととされる（課税も仕入税額控除もない不課税状態）	➢ 事業者向けでないものはすべて「消費者向け」となる ➢ インボイス導入以前は、国外事業者が「登録国外事業者」である場合に限って仕入税額控除できた ➢ インボイス導入後は、通常の国内取引と同様に、国外事業者が適格請求書発行事業者なら仕入税額控除可能

7 ● プラットフォーム課税制度の導入

（1）消費者向け提供を行う国外事業者の申告納税に懸念

　例えば、国外のアプリ開発業者 A が、Apple、Google、Amazon といったデジタルプラットフォームを介して、国内に住所地のあるユーザー B にスマホアプリを販売したとします。これは消費者向け電気通信利用役務の提供ですから、専用の内外判定基準で国内（課税）取引になり、納税義務者は国外の A となります。そうすると、原則として A には、国外から日本に申告納税する義務が生じます。

　しかし、日本側からすれば、国外事業者 A 自身やその取引に関する情報の把握・捕捉が難しいのです。デジタルサービス市場には、プラッ

トフォームを介することで多くの国外事業者が容易に参入できます。そして事業者は国内に事業拠点を持つ必要はなく、契約、配信、対価の決済等はすべてプラットフォーム上で行うことができます。税務当局からすれば適切な申告納税が期待しにくく、納税義務のある国外事業者の捕捉や税務調査、徴収等が大きな課題になっています。

　もしこれが、消費者向け提供ではなく事業者向け提供であればリバース・チャージ方式が適用されて、納税義務者は役務の受領者（対価の支払者）であるＢに転換されます。ただし、Ｂの課税期間の課税売上割合が95％以上であれば、消費税法上はこの取引自体がなかったことになります。

　国内の事業者Ｂが納税義務者になるのであれば、その把握や調査・徴収に関する特別の問題はありません。事業者向け提供については、リバース・チャージ方式で対応済みということです。

（2）国外事業者が納税しなければ競争が不公平になる

　一方、消費者向け提供の主人公は消費者です。オンラインゲーム等を中心としたスマホアプリの市場規模は年々拡大し、令和6年には5兆円を超えるという予想もあります。

　事業者が消費者向け提供を受ける場合は、インボイスが交付されれば仕入税額控除をすることができます。しかし、消費者は申告納税をしませんのでリバース・チャージ方式は使えませんし、インボイスがあっても仕入税額控除をするわけではなく、対価を支払うだけです。その対価には、区分記載されていてもいなくても、消費税が含まれています。

　もし国外事業者がこの消費税を納税しなければ、デジタルサービスをそれだけ安く提供できます。これでは、消費税を必ず納税する国内の事業者との価格競争に不公平が生じますし、そもそも納税義務が守られないのでは適正公平な課税といえません。

　ここまでの課税関係を図にすると、次のとおりです。

電気通信利用役務の提供における納税義務者と仕入税額控除の可否

電気通信利用役務の提供の種類		国外の売手	国内の買手	
		国外事業者	事業者	消費者
事業者向け		—	納税義務者であり仕入税額控除も可	
	買手の課税売上割合 95 % 以上	取引はなかったことになるので納税義務も仕入税額控除もなし		
消費者向け		**納税義務者**	仕入税額控除可（要インボイス）	仕入税額控除不可

　そこで、消費者向け提供においても国外事業者の納税を確保するために令和 6 年度税制改正で導入された方法が、国外事業者の代わりに一定の要件を満たしたプラットフォーム事業者が納税義務者となる、「プラットフォーム課税制度」です（消法 15 の 2）。「適正な申告納税が期待しにくい国外事業者に代えて、信頼性の高い事業者を納税義務者とする」という目的が同じなので、考え方はリバース・チャージ方式と似ています。

　リバース・チャージ方式では国外事業者の代わりにユーザー事業者が納税義務者になりますが、プラットフォーム課税制度では納税義務者の役割がユーザー（消費者又は事業者）のところまで来る前に、途中の特定プラットフォーム事業者のところで止まる、というイメージです。

（3）国外事業者の納税を確保する制度

　プラットフォーム課税制度とは、国外事業者がデジタルプラットフォーム（消法 15 の 2 ①）を介して消費者向け電気通信利用役務の提供を行う場合のうち、国税庁長官が指定する「特定プラットフォーム事業者」（（4）参照）を介してその対価を収受するものについて、その役務

を国外事業者ではなく特定プラットフォーム事業者自身が提供したものとみなす（すなわち納税義務者となる）課税方法です（消法 15 の 2 ①）。諸外国でも広く採用されています。

プラットフォーム課税制度

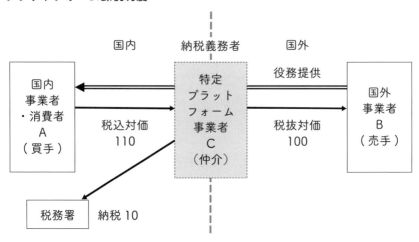

　例えば、多くの取引では、プラットフォーム事業者は消費者から税抜対価 100 と消費税 10 を受領してそのまま 110 を国外事業者に渡し、別途仲介手数料等を受領します。国外事業者は消費税 10 について申告納税義務がありますが、この納税が適切に行われない場合が問題なのです。

　そこでプラットフォーム課税制度では、その取引を国外事業者ではなくプラットフォーム事業者自身が行った取引とみなして、国外事業者に代わって消費税 10 を直接納税してもらうとともに、税抜対価 100 だけを国外事業者に渡すことになります。この課税方式を図にすると、次のとおりです。

プラットフォーム課税制度による納税義務者の転換

電気通信利用役務の提供の種類	国外の売手	国内の買手		特定プラットフォーム事業者
	国外事業者	事業者	消費者	
消費者向け	納税義務者	仕入税額控除可（要インボイス）	仕入税額控除不可	特定プラットフォーム事業者
消費者向け（プラットフォーム課税）	—	仕入税額控除可（要インボイス）	仕入税額控除不可	納税義務者

　国外事業者に対する課税と納税を厳格化する制度ですから、国内の事業者には影響が出ないように、国外事業者が提供する消費者向け提供だけを対象としています（消法15の2①）。

　したがって、この制度の影響を受けるのは、国外から日本に向かって消費者向けのデジタルサービスを提供する国外事業者と、その代わりに納税義務を負う特定プラットフォーム事業者だけです。消費者向け提供のユーザー側には直接的な影響はなく、ユーザーからは見えないところで納税義務者の転換が行われるだけです。とはいえ、納税が確実に行われるようになる分、サービスの対価が少し高くなる可能性はあるかもしれません。

　また、ユーザーが事業者である場合には、インボイスの交付がなければ仕入税額控除も80％・50％の経過措置も受けられませんが、特定プラットフォーム事業者はまず適格請求書発行事業者でしょうから、インボイスが交付されて、ほぼ確実に仕入税額控除が受けられることになるでしょう。

　プラットフォーム課税制度は、令和7年4月1日以後に行われる電気通信利用役務の提供から適用になります（令和6年改正消法附則13⑥）。

経過措置によって、特定プラットフォーム事業者の最初の指定は令和 6 年 12 月 31 日までに行われ、その指定は令和 7 年 4 月 1 日に効力を生じることになっています（令和 6 年改正消法附則 13 ⑦⑧）。

　なお、事業者向け提供はプラットフォーム課税制度の対象にはならず、リバース・チャージ方式の対象のままです。

（4）特定プラットフォーム事業者とは

　特定プラットフォーム事業者とは、国外事業者が行う消費者向け電気通信利用役務の提供に係る売上げのうち、自己のプラットフォームを介して収受する対価（税込み）の合計額が、年間 50 億円を超える事業者です（消法 15 の 2 ②）。特定プラットフォーム事業者は、多数の国外事業者に代わって消費税を申告納税する重要な役割を負いますので、高い税務コンプライアンスや事務処理能力が必要になります。この点を考慮した要件ですから、Apple、Google、Amazon などの大手事業者に限定されてくると思われます。

　要件に該当するプラットフォーム事業者は国税庁に届け出る必要があり（消法 15 の 2 ③、消規 11 の 5 ①三イ）、国税庁長官は特定プラットフォーム事業者を指定するとともに、インターネットを通じて速やかに公表することになっています（消法 15 の 2 ④、消令 29 ④⑤）。指定された事業者には、免税事業者や簡易課税制度の適用はありません（消法 15 の 2 ⑭）。

　指定を受けた特定プラットフォーム事業者は、その旨をデジタルサービス課税の対象になる国外事業者に通知しなければなりません（消法 15 の 2 ⑤）。このような指定と通知の制度により、プラットフォームを介して消費者向け電気通信利用役務の提供を行う国外事業者は、原則どおり自分に納税義務があるのか、それともプラットフォーム事業者が自分に代わって納税義務者となるのかを確認できるようになります。特定プラットフォーム事業者に係る公表事項の変更や指定の解除等も、インターネットを利用して速やかに公表されることになっています（消令 29

④）。

　なお、プラットフォーム事業者はこれらの手続きのために、「自分の
プラットフォームを介して対価を収受している事業者」が、国外事業者
かどうかを判定しなければなりません。

　これについては、例えばその事業者とのプラットフォーム利用契約等
で示された本店所在地によるなど、客観的かつ合理的な基準に基づいて
判定している場合には認められるとされています（消基通5-8-8）。

　また、プラットフォーム事業者が、他の事業者にも提供しているデジ
タルプラットフォームで自ら電気通信利用役務の提供を行う場合には、
その取引にはプラットフォーム課税制度の適用はありません。この対価
の額も、特定プラットフォーム事業者を判定する場合の「対価の合計額
が50億円超かどうか」の計算には含まれません（消基通5-8-9）。

（5）国外事業者の免税の判定や簡易課税制度等の適用も厳格化

　プラットフォーム課税制度の導入と同時に、国外事業者に係る免税事
業者の判定基準や簡易課税制度の適用要件等にも改正がありました。

　事業者免税点制度や簡易課税制度は、小規模事業者の事務負担等に配
慮するための制度ですが、益税を生み出す代表的な制度でもあります。
益税とは消費者が支払った消費税が国に納税されずに事業者の手元に残
るもので、これを減少させるために数多くの税制改正が行われてきまし
た。インボイス制度の導入もその1つです。

　国外事業者に係るこれらの判定や要件は、基本的に国内事業者と変わ
らないものでした。しかし、それでは国外事業者に対して、租税回避や
制度の趣旨に合致しない税負担の軽減を可能にする余地がありました。
この状況は、特にデジタルサービスを行う国外事業者において顕著だと
考えられます。そこで、国外事業者に対するこれらの制度の適用につい
て、厳格化の方向での見直しが行われています。内容は**第3章Ⅷ**で整
理します。

第3章

テーマ別論点整理

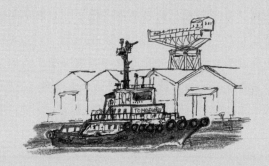

インボイス制度と海外取引消費税

　令和 5 年 10 月から施行されたインボイス制度は、消費税実務上の非常に大きな改正ですが、消費税制の骨格そのものが変わったものではありません。インボイス制度の目的は、「納税される消費税と仕入税額控除の対象となる消費税を一致させる（消費税を適切に転嫁させていく）」というものですから、むしろ消費税本来の仕組みを強化したものといえるでしょう。

　本書はインボイス制度以降の税法を前提にしていますが、ここで改めて、インボイス制度が海外取引消費税の主要制度に及ぼした影響を整理してみます。

　先に大まかにまとめてしまえば、「海外取引の消費税に関しては、インボイス制度の影響は限定的である」といえます。

1 ● インボイス交付義務の根拠

　インボイスの交付義務を規定している消費税法第 57 条の 4 第 1 項は、次のように定めています（下線筆者）。

　適格請求書発行事業者は、(a) 国内において (b) 課税資産の譲渡等（(c) 第 7 条第 1 項、第 8 条第 1 項……の規定により消費税が免除されるものを除く。……）を行った場合……において、当該課税資産の譲渡等を受ける (d) 他の事業者（第 9 条第 1 項本文の規定により消費税を納める義務が免除される事業者を除く。……）から……求められたときは、……適格請求書を……交付しなければならない。……

　上記（a）〜（d）からは、次の場合にはインボイスの交付義務がないことが読み取れます。売手側にインボイスの交付義務がないということは、支払者側では仕入税額控除ができない取引ということです。

（a）国外取引（不課税）である場合

（b）非課税資産の譲渡等である場合

（c）輸出免税（消法7①）や免税店での輸出物品の譲渡（消法8①）に該当する場合

（d）譲渡の相手が消費者や免税事業者（消法9①）である場合

　上記の（a）〜（c）はもともと売手側に課税売上げが発生しないケースですが、（d）の場合にはインボイスの交付義務はなくとも、売手側が事業者の場合には課税売上げが生じます。

2 ◦ 主要4制度に対する影響

　消費税の課税は国内取引に限りますので、インボイス制度の適用も国内取引の範囲内です。内外判定で国外取引であれば、そもそも課税の対象ではないのですから、インボイス制度が影響する余地がありません。

　一方、国内取引はインボイス制度の対象ですが、輸出免税の適用がある取引には影響はありません。輸出売上げに対する課税が免除になるのですから、ここにもインボイス制度が影響する余地はありません。

　しかし、役務提供の輸出（輸出類似取引）の中には、取引相手が非居住者であっても輸出免税が適用にならないものがあります。このような取引には、インボイス制度の適用があります。また、電気通信利用役務の提供では、消費者向け提供において影響が生じます。

　このような、海外取引とインボイス制度の影響をまとめたものが次の表です。これに基づいて、それぞれの項目を見て行きます。

海外取引に係る諸制度へのインボイス制度の影響

項目			制度の概要	インボイス制度の影響
内外判定の一般基準	輸入消費税	①	不課税の例外として、有形資産の輸入（保税地域からの引取り）に課税	×
	国外取引	②	消費税の課税対象外（不課税）	×
	国内取引	③	消費税の課税対象	◯
	輸出免税	④	課税の例外として、有形資産の輸出を免税	×
		⑤	課税の例外として、無形資産・役務の非居住者に対する提供等を免税	×
			国内で便益が直接享受されるものには輸出免税の適用なし	◯
専用基準	国内で受ける電気通信利用役務の提供	⑥	事業者向け：原則としてリバース・チャージ方式の対象	×
		⑦	消費者向け：相手が適格請求書発行事業者でなければ仕入税額控除不可	◯

3 ○ 内外判定

（1）国外取引

　国外取引は消費税の課税対象外（不課税）です。売手には消費税の納税義務はありませんし、買手は仕入税額控除ができません。インボイス制度導入以前も、区分記載請求書の保存や帳簿記載の要件とも無縁でした。国外取引には、インボイス制度の導入の影響は全くないということです（表の項目②）。

（2）国内取引

　内外判定で国内取引となる場合は、取引相手が国外事業者か否かを問わず、事業者が売手の立場でも買手の立場でも、インボイス制度が適用されます。

　事業者が売手の場合には、適格請求書発行事業者である限り、買手の求めに応じてインボイスを交付し、写しを保存することが必要になります。ただし、買手が免税事業者であれば、この義務はありません（消法57の4①⑥）。

　また、事業者が買手の場合には、売手が国外事業者であっても、インボイスの交付を受けて保存しておかなければ仕入税額控除ができません（消法30⑦）。国外事業者が適格請求書発行事業者でなければ、国内の免税事業者との取引と同様です。

　インボイス制度導入以前は、国外事業者が免税事業者か否かを問わず、支払対価の7.8/110を課税仕入れに係る消費税額として仕入税額控除の対象にすることができました。しかし、インボイス制度導入後は相手が適格請求書発行事業者でない限り仕入税額控除ができないという点が、大きく変わったところです（表の項目③）。

4 ◦ 輸入消費税

　輸入取引は、資産の譲渡等が日本への持ち込み以前に国外で行われている不課税取引です。その意味では、インボイス制度の影響はありません。

　しかし、国外取引で入手した貨物を輸入して保税地域から引き取るときに、国内取引の消費税とは別建ての、国境税調整としての輸入消費税が課されます（消法30①）。税関に納付した輸入消費税は仕入税額控除の対象になります。これは国への直接の納税で、税関はインボイスを発行しません。

　輸入消費税を仕入税額控除の対象とするための要件は「帳簿と請求書等の保存」となっていますが（消法 30 ⑦）、ここでいう請求書とはインボイスのことではなく、「税関長が交付する輸入許可を証する書類」です（同 30 ⑨五）。輸入消費税に関しては、輸入許可書がインボイスに代わる要件ですので、インボイス制度の影響はありません（表の項目①）。

5 ● 輸出免税

（1）一般適用

　輸出取引は国内取引であることを大前提として、商品の引渡し手段が輸出である場合に限って例外的に消費税を免除する国境税調整です。消費税が免除されますので、輸出免税が適用になる取引である限り、税関を通る有形資産でも税関を通らない無形資産や役務提供などの輸出類似取引でも、インボイスを交付する義務はありません（消法 57 の 4 ①）。したがって、インボイス制度の影響はありません（表の項目④）。

（2）輸出免税の例外

　しかしここに、役務提供の輸出免税に関する大きな例外として、インボイスの交付が必要になるケースがあります。

　それは輸出免税が適用にならない 2 種類の取引、すなわち①非居住者が日本に事務所等を持っている場合と、②提供する役務の便益の享受が国内で完結する場合です（第 2 章Ⅲ 4 参照）。輸出免税が適用にならないこれらの取引は、国内で行われた課税取引としてインボイス制度の対象になります。例えば、非居住者が国内に保有する不動産の管理や修理をする取引は輸出免税の対象にならないので、事業者は非居住者の求めがあればインボイスを交付する義務があるということです（表の項目⑤）。

6 ● 電気通信利用役務の提供

（1）事業者向け提供

　事業者向け電気通信利用役務の提供を受けた場合には、原則としてリバース・チャージ方式が適用されます。そして、リバース・チャージ方式により役務の受領者（対価の支払者）が納税義務者となって納付した消費税を仕入税額控除するための要件は、所定の事項（消法30⑧二）が記載された「帳簿の保存」だけです（消法30⑦）。これはインボイス制度導入後も変わらず、もともと区分記載請求書の保存要件もなかったのですから、インボイス制度の影響もありません。

　リバース・チャージ方式で課税される消費税は、売手（国外事業者）に支払うものではなく国に直接納付するもので、輸入した外国貨物を保税地域から引き取るときに納付する輸入消費税と同じですから、インボイスの交付も受けようがなく、インボイス制度の影響はありません（表の項目⑥）。

　また、当分の間リバース・チャージ方式が適用されない大半の事業者（課税売上割合が95％以上の課税期間）においては、事業者向け提供を受けた取引（＝特定課税仕入れ）そのものがなかったことになるのですから、消費税の納税も仕入税額控除も生じてきません。これは不課税と同じことですので、インボイス制度の影響はありません。

（2）消費者向け提供

　インボイス制度導入前は、消費者向け電気通信利用役務の提供を受けた場合は「国内で行った課税仕入れ」に該当するにもかかわらず、支払対価は仕入税額控除の対象になりませんでした（平成27年改正消法附則38）。ただし、国外の役務提供者が登録国外事業者であった場合には、仕入税額控除が可能でした。

　しかし、仕入税額控除を阻んでいた平成27年改正消費税法附則第38

条は、インボイス制度の導入とともに廃止になりました。同時に、登録
国外事業者の制度もインボイス制度に移行されました。令和 5 年 9 月 1
日時点で登録国外事業者だった者は、令和 5 年 10 月 1 日から、適格請
求書発行事業者の登録を受けたものとみなされています（平成 28 年改正
消法附則 45 ①）。

　したがって、消費者向け提供を受けて対価を支払う取引は、インボイ
ス制度導入後は国内において行う課税仕入れとなり、インボイス制度が
適用されます。国外事業者が適格請求書発行事業者であれば（インボイ
スが交付されれば）、仕入税額控除ができるということです（表の項目
⑦）。

　なお、インボイス制度施行後に適格請求書発行事業者以外の国外事業
者から消費者向け提供を受けた場合には、80 ％・50 ％の仕入税額控除
ができる経過措置（平成 28 年改正消法附則 52、53）がありますが、これ
は国外事業者には適用できないことになっていますので、注意が必要で
す（平成 30 年改正消令附則 24）。

（3）登録国外事業者制度はインボイス制度の先取り

　インボイス制度導入以前、原則として仕入税額控除ができなかった消
費者向け提供について、例外的に仕入税額控除ができる場合として、
「国外事業者が登録国外事業者であった場合」がありました。登録国外
事業者は課税事業者として消費税を請求して申告納税をし、支払者は消
費税を仕入税額控除できました。

　登録国外事業者制度は、インボイス導入の目的である「課税事業者を
判別するための登録番号制度」を、消費者向け提供を行う国外事業者に
限って先取りした制度でした。登録国外事業者が発行する請求書等に
は、「登録番号」と「課税資産の譲渡等を行った者が消費税を納める義
務がある（つまり課税事業者である）旨」の記載が義務付けられてお
り、その名称や登録番号は国税庁のホームページで公表され、確認する

ことができました。

　まさにインボイス制度の仕組みそのもので、消費者向け提供の取引に限っては、インボイス制度と呼べるものが平成27年から導入されていたわけです。ですから、本来のインボイス制度が導入されたことでその役目を終えて、廃止になりました。

7 ○ 居住地国よりも適格請求書発行事業者の確認が先

　インボイスとは、取引の中で累積する消費税を正確に転嫁していくために、取引から生じる適用税率別の消費税額を売手から買手に正しく伝える手段です。売手が納税する額と買手が仕入税額控除する額を一致させるのが目的ですから、納税義務のある課税事業者がこれを適切に作成、交付、保存することが不可欠です。

　ということは、インボイス制度の下で最も重要な事業者のステイタスは、居住地国や本店の所在地国ではありません。所得税や法人税のように、事業者の居住地等によって課税の範囲や納税義務が異なることは基本的にないからです。

　最も重要な事業者のステイタスは、適格請求書発行事業者であるか否かです。その区別を明確にすることが、そもそもインボイス制度導入の大きな目的だからです。したがって、海外取引においても、この点を確認する作業が最優先の事務になります。

インボイス制度の経過措置と海外取引

1 ● 主な経過措置

　インボイス制度の導入にあたっては、各種の経過措置が設定されています。これらは、制度の導入に基因して増加する税負担を緩和するための措置ですから、インボイス制度の対象になる取引に対してだけ適用できるものです。

　次の表は、海外取引にも関係してきそうな経過措置です。各措置の詳細や具体的な手続きは他の解説等に譲りますが、その適用関係は取引が海外取引であってもなくても、基本的に変わりません。ただし、2割特例と簡易課税制度については、令和6年度の税制改正で、国外事業者が国内に恒久的施設を有していなければ適用できないことになりました。

　内外判定で国内取引となるものはインボイス制度の対象になりますので、経過措置適用の可能性があります。したがって、「一見して海外取引であるが、内外判定で国内取引に該当しそうなもの」に注意が必要といえます。

　経過措置に対する税務当局のチェックがどれほど厳格に行われるかは分かりませんが、適用することで納税額が小さくなる措置ですので、要件や事実関係をしっかり確認して誤らずに使いたいところです。

インボイス制度導入に係る主な経過措置

措置の略称	概要	適用対象期間等
2割特例	免税事業者が新たに適格請求書発行事業者になる場合には、納税額を課税売上げに係る消費税額の2割とすることができる。	R5.10.1 ～ R8.9.30の日の属する課税期間
簡易課税制度適用の届出期限の緩和	①2割特例を適用した次の課税期間から、又は②免税事業者が適格請求書発行事業者になった最初の課税期間から簡易課税制度の適用を受けたい場合、届出の期限が緩和される。	提出期限は簡易課税の適用を受けたい課税期間の末日
免税事業者からの仕入れ	国内で行う課税仕入れで適格請求書発行事業者以外の者からのものであっても、仕入税額相当額の一定割合が仕入税額控除できる。	R5.10.1 ～ R8.9.30の間は80％、R8.10.1 ～ 11.9.30の間は50％
少額特例	一定規模以下の事業者が国内で行う課税仕入れで、税込対価が1万円未満のものは、インボイスの保存を要しない。	R5.10.1 ～ R11.9.30 の間に国内で行う課税仕入れ

2 ● 2割特例

（1）概要

　2割特例とは、「もし適格請求書発行事業者にならなければ免税事業者に該当していた課税期間」において、課税売上げに係る消費税額から控除できる仕入税額を8割とみなす（納税額が課税売上げに係る消費税の2割に固定される）方法です（平成28年改正消法附則51の2①②）。簡易課税制度に酷似していますが、適用にあたって事前の届出は必要なく、申告書第一表の該当欄にチェックするだけで適用されます。

　適用できる可能性のある課税期間は、令和 5 年 10 月 1 日〜令和 8 年
9 月 30 日の日の属する課税期間です。ここで「可能性」としたのは、2
割特例は基準期間の課税売上高が 1,000 万円を超える課税期間（すなわ
ち、そもそも免税事業者になれない課税期間）については適用されない
からです。

（2）海外取引との関係

　2 割特例の対象となるのは「適格請求書発行事業者に登録しなければ
免税事業者だったはずの者」ですから、国外事業者も含まれます。しか
し、令和 6 年度の税制改正で、令和 6 年 10 月 1 日以後に開始する課税
期間からは、国外事業者の場合はその課税期間の初日において国内に所
得税法又は法人税法上の恒久的施設を有していなければ、適用できない
こととされました（平成 28 年改正消法附則 51 の 2①）。

　国外事業者が国内（課税）取引を行った場合には、控除できる仕入税
額も国内で行った課税仕入れに限られますので、申告納税額が意外に大
きくなってしまう場合もあると思われます。その点で 2 割特例は日本企
業の海外子会社等にも使い勝手のいい経過措置ですが、恒久的施設を有
さない国外事業者は適用できないという、厳しい方向での改正になって
います。

　なお、免税事業者の判定に使う基準期間の課税売上高（1,000 万円以
下）には、輸出免税の適用のある売上げも含まれますので、注意してく
ださい。輸出免税売上げも、「国内において行った課税資産の譲渡等」
です。また、同じく令和 6 年度の税制改正で、免税事業者の判定上、給
与の支払額を特定期間の課税売上高とすることができる規定も国外事業
者には適用できなくなりましたので、ここにも注意が必要です（消法 9
の 2③）。令和 6 年度改正における国外事業者の納税義務の厳格化につ
いては、Ⅷで整理しています。

3 ● 簡易課税制度適用の届出期限の緩和

（1）2割特例の後の簡易課税制度の選択

　2割特例は使いやすいと思いますが、基準期間の課税売上高によっては、使えない課税期間も生じます。例えば、A社（12月決算、令和6年1月1日から適格請求書発行事業者）は令和6年12月期には2割特例を適用して申告しましたが、令和7年12月期は基準期間と特定期間の判定による免税事業者の要件を満たさなかったとします。そうすると、A社はいわゆる本則課税で申告納税することになりますが、基準期間の課税売上高が5,000万円を超えていなければ、簡易課税制度を適用することも可能です。

　ここで、本来ですと「消費税簡易課税制度選択届出書」を、簡易課税制度の適用を受けようとする課税期間の開始日の前日まで（A社の場合は令和6年12月31日まで）に提出しなければなりません。

　しかし、ここに簡易課税制度の届出期限の緩和措置があります。2割特例の適用を受けた事業者が、次の課税期間から簡易課税制度の適用を受けたい場合には、適用を受けたい課税期間中に届出を提出すれば、その課税期間の開始日の前日までに提出されたものとみなされる経過措置です（平成28年改正消法附則51の2⑥）。

　したがって、もしA社が令和7年12月期から簡易課税制度の適用を受けたい場合には、届出の期限は原則による令和6年12月中ではなく、令和7年12月中までに提出すればいいことになります。

　なお、簡易課税制度についても、2割特例と同様に、国外事業者の場合は恒久的施設を有していることが必要になっています（消法37①）。令和6年10月1日以後に開始する課税期間から適用されますので、注意してください。

（2）登録初年度からの簡易課税制度の選択

　さらに、簡易課税制度適用の届出期限の緩和措置はもう 1 つあります。免税事業者が、令和 5 年 10 月 1 日～令和 11 年 9 月 30 日の日の属する課税期間に適格請求書発行事業者となる場合には、登録日の属する課税期間中に届出書を出せば、登録初年度の課税期間から簡易課税制度の適用を受けられるという措置です（平成 28 年改正消法附則 44 ④、平成 30 年改正消令附則 18）。

　例えば、上記（1）の A 社が登録初年度（令和 6 年 12 月期）から 2 割特例ではなく簡易課税制度での申告納税を選択しようとすれば、届出の期限は原則による令和 5 年 12 月中まででではなく、令和 6 年 12 月中までに延長されるということです。

　もし A 社の事業が卸売業（みなし仕入率 90 ％）であれば、2 割特例よりも簡易課税制度の方が有利になりますので、このような選択も考えられるでしょう。なお、国外事業者の場合には、令和 6 年 10 月 1 日以後に開始する課税期間からは恒久的施設を有していることが必要な点に注意してください。

4 ● 免税事業者からの仕入れ

（1）概要

　インボイス制度導入以前は、取引が「国内で行う課税仕入れ」に該当する限り、相手が課税事業者か免税事業者かを問わず、対価の 7.8/110 を仕入税額として控除の対象とすることができました。しかし今は、国内で行う課税仕入れに該当する上にインボイスがなければ（相手が適格請求書発行事業者でなければ）、原則として仕入税額控除はできません。

　しかしここで、免税事業者からの仕入れに係る経過措置があります。相手が適格請求書発行事業者でなくとも（インボイスの交付を受けなくとも）、令和 5 年 10 月 1 日～令和 8 年 9 月 30 日の間に国内で行う課税

仕入れについては仕入税額相当額の 80 ％を、令和 8 年 10 月 1 日～令和 11 年 9 月 30 日の間は仕入税額相当額の 50 ％を、仕入税額とみなして控除できるという措置です（平成 28 年改正消法附則 52、53）。

　ただしこの経過措置は、令和 6 年度の税制改正で、同じ相手からの課税仕入れの合計額がその年又は事業年度で 10 億円を超える場合には、その超えた部分の課税仕入れについては適用されないことになりましたので、注意が必要です。この改正は、令和 6 年 10 月 1 日以後に開始する課税期間から適用になります（平成 28 年改正消法附則 52、令和 6 年改正消法附則 63）。

（2）海外取引との関係

　この経過措置は、仕入れ先の事業者が国内か国外かを問いません。しかし、国外事業者から国内取引となる課税仕入れを行う場面は、かなり限られてくると思います。

　ありそうな取引は、国外事業者が国内に保有している資産の譲渡を受けるか、国外事業者から国内で役務提供を受ける取引でしょう。

　これらの課税仕入れでは、国外事業者が適格請求書発行事業者でなくとも（インボイスの交付を受けなくとも）、支払対価に 7.8/110 を乗じた仕入税額相当額の 80 ％・50 ％が控除できることになります。

　なお、この経過措置は、適格請求書発行事業者ではない国外事業者から受けた消費者向け電気通信利用役務の提供には適用できません（平成 30 年改正消令附則 24）。

　消費者向け電気通信利用役務の提供を受ける取引は課税仕入れに該当しますが、インボイス制度導入前は、仕入税額控除ができませんでした（平成 27 年改正消法附則 38）。インボイス制度導入とともにこの規定は廃止になりましたが、それまで仕入税額控除を制限していた趣旨を踏まえて、引き続き仕入税額控除の対象外とする観点からこの経過措置の対象外とされています。

5 ● 少額特例

　少額特例は、一定規模以下の事業者が、令和 5 年 10 月 1 日〜令和 11 年 9 月 30 日の間に、国内において行う 1 万円未満（税込み）の課税仕入れについては、インボイスの保存がなくとも仕入税額控除ができるという経過措置です（平成 28 年改正消法附則 53 の 2、平成 30 年改正消令附則 24 の 2）。この措置は、事務負担の軽減のためとされています。

　一定規模以下とは、課税売上高（輸出免税売上げを含む）が基準期間で 1 億円以下か、又は特定期間で 5,000 万円以下か、どちらかに該当する場合です。免税事業者の判定と似て非なるもので、基準期間か特定期間かのどちらか一方の要件を満たせば該当します。例えば、基準期間の課税売上高が 2 億円であっても、特定期間の課税売上高が 5,000 万円以下なら適用できるということです。ただし、特定期間の課税売上高に代えて給与の支払額を使うことはできません。

　この規定の適用は、取引先が適格請求書発行事業者であるか否かは問いません。また、適用した課税仕入れに対しては、上記 4 の「免税事業者からの仕入れ」に係る経過措置は適用されません。

非課税・不課税取引と輸出免税

1 ○ 概要

　国内で非課税資産を取引する場合に、非課税資産の譲渡等に要する課税仕入れは、仕入税額控除の対象になりません。控除できない消費税額は非課税の商品原価にならざるを得ません。その原価に利益を見込んで商品価格を設定していけば、仕入税額控除できなかった消費税は商品本体価格の一部に姿を変えて、消費者に転嫁されていくことになります。いわば「隠れた消費税の転嫁」であり、ここに非課税取引の問題点があります。

　しかし、非課税資産の譲渡等が輸出取引に該当する時には、取扱いが大きく異なります。非課税資産の輸出を課税資産の輸出とみなして、課税取引が輸出免税になる場合と同様の仕入税額控除の計算を行う規定（消法31）があるからです。

　また、将来的に国外で販売するため、又は自分で使うために資産を輸出する行為は、資産の譲渡等に該当しませんので不課税です。しかし、この場合にも課税資産の譲渡等に係る輸出取引とみなして、課税取引と同様の仕入税額控除の計算を行うことになっています。

非課税・不課税の取引が輸出免税扱いに変わる

国内	:	国外
事業者 A 非課税資産を輸出 資産を国外に移送	→	仕入税額控除の計算上は、「課税資産の譲渡等」とみなされる

　さらには、金銭の貸付けや預金に係る利子は非課税ですが、貸付け等の相手が非居住者である場合には輸出類似取引として輸出免税が適用されて、仕入税額控除（課税売上割合）の計算上は課税取引と同じ取扱いになります。

　非課税も不課税も輸出免税も、いずれにせよ消費税は課税されませんが、仕入税額控除の計算はそれぞれ異なります。そして、非課税や不課税の取引が輸出として行われる場合には、仕入税額控除を輸出免税の場合（すなわち課税取引の場合）と同じように行うために、わざわざ課税資産の輸出とみなすのです。非課税や不課税の規定よりも輸出免税の規定、言い換えれば国境税調整を優先させるということです。

　以下では、この例外的な取扱いを整理していきます。

2 ● 非課税資産の輸出

（1）非課税取引は国内取引だけのもの

　非課税の規定は、「国内において行われる資産の譲渡等」のうち、別表第 2 に掲げるものに適用されます（消法 6）。すなわち、非課税とは国内の取引にだけある概念で、内外判定で国外取引になるものは、非課税の規定の射程外になっています。

　例えば、国外に保有する土地を売却しても日本の消費税はかかりませんが、それは土地が別表第 2 の第 1 号に掲げられているからではありません。非課税の取引には該当しないけれども、内外判定で国外取引（不課税）だからです（消法 4 ③一）。

　国内で非課税資産の譲渡等を行った場合には、その取引に係る「国内で行った課税仕入れに係る消費税」は、仕入税額控除の対象になりません。課税売上割合の計算では、非課税資産の譲渡等に係る対価は分母だけに算入され、個別対応方式における課税仕入れの 3 区分では「課税資産の譲渡等以外の資産の譲渡等にのみ要するもの」に区分されて、仕入

税額控除の計算から外されていきます。しかし、非課税資産の譲渡等が国内取引であっても、取引が輸出となると話は変わります。

（2）非課税資産の輸出

　事業者が国内において行った非課税資産の譲渡等（消法6）のうちで、輸出取引等（消法7、消令17）に該当するものは、課税資産の譲渡等に係る輸出取引等に該当するものとみなして、仕入税額控除の規定（消法30）を適用することになっています（消法31①）。

　したがって、非課税資産の輸出売上げの対価の額は、課税売上割合の計算上、分母だけではなく分母・分子の両方に算入されます（消法30⑥、消令48①、51②）。

　また、課税資産の譲渡等とみなすのですから、その譲渡等に係る国内での課税仕入れは、個別対応方式の用途3区分では「課税資産の譲渡等にのみ要するもの」に区分されます。これにより、仕入税額控除できる税額が大きくなります。

　なお、この規定で課税資産の譲渡等とみなされる非課税資産の輸出売上げに係る対価の額は、免税事業者を判定する際の基準期間・特定期間の課税売上高や、いわゆる「95％ルール」の適否を判定する場合の課税売上高には含まれません（消基通1-4-2、11-5-10）。

（3）輸出免税を優先する理由

　非課税資産の輸出に係るこのような特別の取扱いは、国境税調整を徹底して行うためです。課税技術的な理由、あるいは政策的な理由から非課税とされる資産の譲渡等は、国内の取引だけに適用されます。しかし、国内で消費されない資産等には消費税を課税しないという仕向地主義や消費地課税主義に基づき、経済活動に対する消費税の中立性を維持するために行われる国境税調整（輸出免税）が、国内での非課税を定める規定に優先するのです。

　仕向地主義の考え方は、資産等が輸出される場合には、消費税や付加価値税の課税は資産等が仕向けられた輸出先国に任せて輸出国では課税せず、さらにそれまで国内でその資産に累積されてきた仕入れに係る税額も帳消しにする（輸出者に還付する）というものです。資産等を、消費税からフリーの状態にして輸出するわけです。この要請が、「非課税売上げに係る課税仕入れは仕入税額控除の対象としない」という国内だけの取扱いに優先するということです。このあたりに、国境税調整は厳格に行うものという消費税のスタンスが見て取れます。

3 ● 資産を国外に移送するための輸出

　輸出は、販売された資産の引渡しとして行われるとは限りません。いずれ国外で販売するために国外の倉庫に商品を移送する場合や、国外支店等で自己使用するために資産を送る場合もあります。このような国外移送は、事業者の内部での保管場所が変わるだけですから資産の譲渡等に該当せず、不課税です。

　しかし、国外移送された資産は、いずれ国外で消費されるものです。そこで、このような国外移送のための輸出であっても、課税資産の譲渡等に係る輸出取引等に該当するものとみなして、仕入税額控除の規定（消法30）を適用することになっています（消法31②）。

　この場合には、国外に移送した資産の価額は、関税法施行令第59条の2第2項に定める「その貨物の日本の輸出港における本船甲板渡し価格（FOB価格：Ⅵ参照）」となります（消令51④）。そしてこのFOB価格が、輸出した課税期間の課税売上割合の計算上、分母・分子の両方に算入されます（消法30⑥、消令48①、51③）。

　また、その国外移送資産に係る国内での課税仕入れは、個別対応方式の用途の3区分では「課税資産の譲渡等にのみ要するもの」になります。

　この例外的な取扱いの根拠も、非課税資産等の輸出の取扱いと同じく、国境税調整を優先的に行うためです。したがって、非課税資産の輸出や国外移送としての輸出において消費税法第31条を適用するためには、通常の輸出免税と同様の証明書類の保存が要件になっています（消規5、16①②）。

4 ● 非居住者への金銭貸付けの内外判定と輸出免税

　非課税資産の輸出を特別扱いする場面は、利子を対価とする非居住者に対する金銭貸付けにおいても生じます。利子を対価とする金銭貸付けや金融機関への預金などの一定の取引（消令10①、③一～八に定める取引）の内外判定は、「貸付けや預金等を行う者の、その貸付け等に係る事務所等の所在地」が国内かどうかで行います（消令6③）。したがって、国内に所在する事業者が行う国外の相手への金銭貸付けや外国の銀行口座への預金は、国内取引に該当します。そして、金銭貸付けが国内取引に該当すれば、まずは非課税取引に該当します（消法6、別表2三、消令10）。

　その上で、金銭貸付けが消費税法上の非居住者を相手（債務者）として行われる場合には、前述の消費税法第31条第1項の適用上、輸出類似取引とされます（消令17③）。

　ということは、非課税資産の輸出と同様に、仕入税額控除の適用上は貸付けの対価である受取利子の額が課税売上げに該当し、それが輸出免税になるということです。したがって、非居住者から受領する受取利子の額は、課税売上割合の分母・分子の両方に算入されることになります（消法30⑥、消令48①、51②）。

　もともと利子は非課税ですが、内外判定と輸出免税を検討することにより、課税売上割合が変わってくる（高くなって仕入税額控除の額が大

きくなる）可能性があるわけです。

5 ● 国外で行う資産の譲渡等に係る仕入税額控除

　不課税取引と仕入税額控除の関係では、次のような注意点もあります。

　例えば、国外にある資産を現地で販売するなどの不課税取引を行った場合に、その資産の譲渡等のために国内で行った課税仕入れがあったら、仕入税額控除はできるでしょうか。

　この国内の課税仕入れは、インボイスの交付と保存を前提にして、仕入税額控除の対象になります。また、仕入税額控除を個別対応方式で計算する場合には、用途区分は「課税資産の譲渡等にのみ要するもの」に該当します（消基通 11-2-13）。

　この取扱いは、国外で販売した資産が非課税のもの（例えば土地）であっても同じです。国内での非課税資産の譲渡に係る課税仕入れは仕入税額控除の対象になりませんが、国外で行われる譲渡等には「非課税」はなく、すべて課税資産の譲渡になります。したがって、これに係る国内の課税仕入れは、課税資産の譲渡等にのみ要するものに該当することになります。

IV 船舶等の譲渡・貸付けと国際輸送・通信

　内外判定（消法4、消令6）と輸出免税（消法7、消令17）の条文、あるいは消費税法基本通達（7-1-1～7-3-4）には、国際的な輸送に使われる船舶や航空機の譲渡・貸付け・修理に関する規定や、国際的な通信や郵便に係る役務提供に関する、かなり細かい規定が置かれています。

　国際輸送に使う船舶等の譲渡等を行う事業者や、国際輸送・通信という役務を提供する事業者にとっては、まずその取引が内外判定で国内（課税）取引になるか否か、次に国内取引に該当しても輸出免税になるか否かは、非常に重要な問題です。ただし、このような取引の売手となる事業者（海運会社や航空会社、国際通信会社など）は、かなり限られていると思います。

　一方、国際輸送や通信という役務提供を受ける買手としての事業者は、はるかに大勢です。買手にとっては、対価に消費税がかかるか（仕入税額控除ができるか）否かに関わる重要な問題です。

　例えば国内の事業者Aが商品を輸出するため、海運会社Bに日本からX国までの海上輸送を依頼したとします。これが国内（課税）取引であれば、BはAにインボイスを交付し、Aは消費税を支払い、それを仕入税額控除の対象にできます。しかし、この取引がBにとって輸出免税に該当すれば、課税対象にならないのでBはインボイスを交付することもなく、Aが仕入税額控除できる消費税も生じません。

　以下では、国際輸送に使う船舶や航空機の譲渡等と、国際輸送・通信の役務提供に分けて、内外判定と輸出免税の適用を見て行きます。

1 ● 船舶等の譲渡・貸付けの内外判定と輸出免税

船舶・航空機の譲渡・貸付けの内外判定と輸出免税

譲渡・貸付資産		内外判定	輸出免税
船舶・航空機	登録あり	原則として登録機関の所在地（消令6①一、三）	専ら国内及び国外にわたって、又は専ら国外の地域間で行われる旅客又は貨物の輸送の用に供される船舶、航空機の譲渡、貸付け、修理（消法7①四・五、消令17①一、②一）
	それ以外	譲渡又は貸付けを行う者のその譲渡又は貸付けに係る事務所等の所在地（住所地）（消令6①二、三）	

（1）内外判定

　船舶の譲渡・貸付け取引に係る内外判定は、原則として、登録を受けている場合はその登録機関の所在地、登録を受けていない場合は譲渡又は貸付けを行う者のその譲渡・貸付けに係る事務所等の所在地で行います（消令6①一、二）。

　なお、船舶については上記の原則と異なる、もう少し細かい判定基準があります。居住者が行う日本船舶（日本で登録を受けた船舶）以外の船舶の貸付け、及び非居住者が行う日本船舶の譲渡・貸付けは、それを行う者の住所地で判定する、というものです（消令6①一カッコ書き）。

　航空機の譲渡・貸付けについても、船舶の原則と同様に、登録があれば登録機関の所在地、登録がなければ譲渡・貸付けに係る事務所等の所在地で判定します（消令6①三）。

（2）譲渡・貸付けに係る輸出免税

　内外判定では、譲渡・貸付けに係る船舶や航空機が国際運送に使われているかどうかは関係ありません。しかし、国内（課税）取引と判定された後、輸出免税が適用される取引となるか否かは、その船舶等が外国

との間の輸送に使われるものであるかどうかで異なります。輸出免税になる要件は、次の2点です。

① 譲渡・貸付けをされる船舶・航空機が外航船舶等であること（消法7①四、五）。

② 船舶運航事業者等に対する譲渡・貸付けであること（消令17①一、二、②一イ、ロ）。

　ここで使われている、「外航船舶等」及び「船舶運航事業者等」の内容は次のとおりです。細かい要件で少々わかりにくいですが、以下、この項目と次の項目（Ⅴ）においては、用語を下記の内容で使います。

船舶の譲渡・貸付けが輸出免税になる要件

①外航船舶等 （消基通7-2-1（4））	船舶・航空機が、専ら国内及び国外にわたって、又は国外の地域間で行われる旅客又は貨物の輸送の用に供されるものであること。
②船舶運航事業者等 （消令17②二）	船舶の場合は、海上運送法に定義される「船舶運航事業（海上運送法2②）」又は「船舶貸渡業（同2⑦）」を営む者に対する譲渡・貸付けであること（消令17①一、②一イ）。 航空機の場合は、航空法に定義される「航空運送事業（航空法2⑱）」を営む者に対する譲渡・貸付けであること（消令17①二、②一ロ）。

（3）外航船舶に対する修理の輸出免税

　外航船舶等については、上記のような譲渡・貸付けに係る個別の輸出免税の他に、その修理をする取引も輸出免税になる場合があり、個別の要件が定められています。

　修理は役務提供ですので、内外判定は一般の原則どおり、役務が提供された場所で行います。そして、国内で行われた「外航船舶等に対する修理で、船舶運航事業者等の求めに応じて行われるもの」が輸出免税の

対象になります（消令 17 ①三、②一ハ）。

　「求めに応じて」とは直接頼まれることですので、船舶運航事業者等から事業者 A が受注した修理を事業者 B に下請けに出した場合は、B には輸出免税の適用はありません。この取引は B にとっては A に対する国内における課税資産の譲渡等（役務提供）となり、A にとっては B からの課税仕入れ（仕入税額控除の対象）となります（消基通 7-2-10）。

　船舶運航事業者等に対する役務提供であることという要件は、一般的な役務提供が輸出免税になる要件である「非居住者に対する役務提供であること」に代わるものと考えればいいところです。

　また、修理の他にも、外航船舶等に対して港の周辺で行われる各種の役務提供には輸出免税の対象になるものがありますので、別の項目で整理します（**V 3** 参照）。

（4）コンテナーの輸出免税

　国際輸送に使われるコンテナーについても、輸出免税に係る個別の規定があります。

　「専ら国内及び国外にわたって、又は国外の地域間で行われる貨物輸送に使われるコンテナーの譲渡・貸付けで船舶運航事業者等に対して行われるもの」、又は「その修理で船舶運航事業者等の求めに応じて行われるもの」には、輸出免税が適用になります（消令 17 ②二）。要件は外航船舶等の譲渡に係る輸出免税の要件と同じで、「外国船舶」が「コンテナー」になっているだけです。

2 ◦ 国際輸送・通信・郵便等の内外判定と輸出免税

（1）内外判定

　まず、海運会社や航空会社等が売手となる、国際輸送サービスの内外判定です。

　国内及び国外にわたって行われる旅客又は貨物の輸送取引の内外判定は、その出発地・発送地又は到着地で行います（消法4③二、消令6②一）。日本から出て行く場合は出発地（発送地）で、日本に入って来る場合は到着地で判定しますから、言い換えれば「日本発着の旅客又は貨物の国際輸送はすべて国内取引」ということになります。

　輸送は役務提供ですから、日本が絡まない「国外の地域間の輸送」は、役務提供地が完全に国外ということで不課税です（消基通7-2-7）。

　また、国際輸送として行われる旅客輸送の一部に国内輸送が含まれていても、①それが国際輸送の一環であることが契約から明らかであり、②国内輸送と国際輸送の国内乗継地における乗継時間が24時間以内である場合には、国際輸送として取り扱われます（消基通7-2-4）。

　なお、旅客ではなく貨物の輸送の場合も、上記①の要件を満たすことで、国際輸送として取り扱われます（消基通7-2-5）。

　次に、通信会社や郵便会社等が売手となる国際通信、郵便、信書便サービスの内外判定ですが、これも考え方は国際輸送と同様です。

　国内及び国外にわたって行われる通信はその発信地又は受信地で、郵便又は信書便はその差出地又は配達地で判定します（消法4③二、消令6②二、三）。したがって、旅客や貨物の国際輸送と同様に、日本発着のものはすべて国内取引に該当します。

国際運輸・通信に係る役務提供の内外判定と輸出免税

役務		内外判定	輸出免税の範囲
国内及び国外にわたって行われる	旅客又は貨物の輸送	旅客又は貨物の出発（発送）地又は到着地（消令6②一）	国内及び国外にわたって行われる旅客若しくは貨物の輸送又は通信（消法7①三）、郵便・信書便（消令17②五）
	通信	発信地又は受信地（消令6②二）	
	郵便又は信書便	差出地又は配達地（消令6②三）	

（2）輸出免税

　上の表のとおり、国内及び国外にわたって行われる旅客・貨物の輸送や国際通信（国際電話や国際電報）の役務提供に対しては、輸出免税が適用されます（消法7①三）。

　また、国内及び国外にわたって行われる国際郵便又は国際信書便の役務提供も、輸出類似取引として輸出免税が適用されます（消法7①五、消令17②五）。

　結局、国際輸送、国際通信、国際郵便・信書便のサービスについては、国内と国外との間で行われるものはまず内外判定ですべて国内（課税）取引になり、次にそのすべてが輸出免税に該当するという仕組みになっているのです。

　海運会社や通信会社などのサービスの売手は、国際運送や国際通信サービスのすべてがまず国内課税取引となりますが、次にそれらがすべて輸出免税になるので納税の必要はなく、買手（サービスの利用者）は消費税を支払わないので仕入税額控除もありません。実務的には、売手側がインボイスを交付するかどうかで判断することになるでしょう。

Ⅴ 港の風景と輸出免税

　海外取引には港（空港）が欠かせません。消費税にとっては、港にある税関が国境税調整を実施するポイントであることは前述しました。無形資産や役務の輸出入、電気通信利用役務の提供に係る課税には港の出番はありませんが、伝統的な貨物の貿易においては、港は最重要の場所です。港の周りで行われる仕事には、輸出免税に係る個別規定がかなりありますので、それを整理します。消費税法の中で、潮の香りがする部分です。

1 ● 外国貨物の譲渡と貸付け

（1）外国貨物の譲渡・貸付けは輸出免税の対象

　外国貨物（消法2①十、関税法2①三）は、**第2章Ⅱ1（2）**で取り上げました。まだ関税や輸入消費税を納付しておらず、輸入許可が出ていないので保税地域から引き取れない輸入貨物、又はすでに輸出許可は取っているが、まだ船舶等に積み込んでいない貨物のことです。

　また、保税地域についても**第2章Ⅱ1（3）**に記載しました。関税法では5種類の保税地域が定められていて（関税法29）、外国貨物は原則として保税地域以外に置くことはできません（関税法30）。

　とはいえ、まだ保税地域の中にある外国貨物であっても、譲渡や貸付けをすることができます。このような外国貨物の譲渡や貸付けは、その取引相手が国内の者であっても輸出免税の対象となります（消法7①二）。

　例えば、輸入者Aが外国貨物（まだ輸入手続きが済んでいない）を保税地域に置いていて、それをそのまま国内の者Bに譲渡したとします。これを「保税転売」といいます。Aは譲渡してしまったのですから、もう関税や輸入消費税を払う必要はありません。一方で、Bは譲渡

を受けましたが、通関手続きを済ませないと保税地域から引き取れませんので、B自身が輸入手続きをして関税や輸入消費税を納付し、輸入許可を得る必要があります。

　国境税調整としての輸入消費税は、輸入した貨物が保税地域から国内に出てくるときに一度だけ課税されればいいのです。したがって、Aが外国貨物のままBに譲渡した時点では、消費税を課税されることはありません。そのための輸出免税扱いということです。

（2）外国貨物のまま輸出する場合

　もし、輸入者Aが上記の外国貨物を国内に引き取らずに、再び国外に輸出する場合には、「外国貨物の積戻し（関税法75）」として、内国貨物の輸出に係る関税法の規定が準用されます。そのため消費税法でも輸出（消法7①一）に該当して、Aに対して輸出免税の規定が適用されますので、Aが消費税を払う場面は生じません。

　これに対して、すでに輸入許可を得たけれども保税地域に置いたままである貨物の場合は、輸入許可の時点で内国貨物になっています。したがって、それを譲渡や貸付けする場合は、通常の国内（課税）取引となります。

2 ● 外国貨物の荷役、運送、保管等

（1）港湾荷役は輸出免税の対象

　上記のとおり、外国貨物の譲渡・貸付けは輸出免税になりますが、その上に、保税地域の中にある外国貨物に対する荷役、運送、保管、検数、鑑定その他これらに類する役務の提供も輸出類似取引に該当して、輸出免税の適用があります（消法7①五、消令17②四）。

　これらに類する役務には、外国貨物の内容の点検、包装の改装、仕分け、貨物の現状を維持するための手入れ等が含まれます（消基通7-2-

14、関基通 40-1)。

　役務提供に係る輸出免税ですが、適用の要件は「役務提供が、保税地域内にある外国貨物に対して行われること」です。一般的な役務提供に係る輸出免税の要件である「非居住者に対して行われるもの」ではありません。役務提供の対象は保税地域の中にある外国貨物そのものであって、非居住者という相手ではないのです。

（2）保税運送も輸出免税の対象になる

　保税運送とは、国内にある保税地域から別の保税地域まで外国貨物を保税状態（関税や消費税を納付していない状態）のまま輸送することです。この保税運送は国内（課税）取引ですが、輸出免税が適用されます。

　一般的に、多くの保税地域は港や空港の近くにありますが、内陸部にも保税地域はあります。内陸部の保税地域は「インランド・デポ（内陸保税拠点)」などと呼ばれます。例えば港で外国貨物を陸揚げする埠頭も保税地域ですが、そこから他の保税地域に輸送されて、そこで通関手続きが行われる場合は保税運送になり、消費税は輸出免税になります。

外国貨物に係る輸出免税の適用

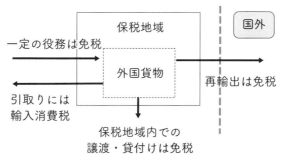

（3）保税地域内にあれば内国貨物でも輸出免税

　ところで、上記（1）の「外国貨物に対する役務提供の輸出免税」は外国貨物が対象なのですが、実は、保税地域内にある内国貨物にも適用

される場合もあります（消令 17 ②四かっこ書）。

　前述のとおり、保税地域に搬入された内国貨物は輸出許可を得ることで外国貨物になり、また外国貨物は輸入許可を得て内国貨物になります。そして、輸出入の許可によって貨物の内国・外国というステイタスが変わっても、そのまましばらく保税地域に置かれる貨物もあります。

　そこで、同じ保税地域の中で貨物の内・外ステイタスが変わっても、実務的にはその前後で取扱いをあえて区別せず、同じように輸出免税が適用されることになっています（消基通 7-2-13）。

　例えば、輸出のために保税地域に持ち込んだ貨物の輸出通関手続きを通関業者に依頼した場合には、輸出許可が出るまではまだ内国貨物ですが、それでも通関業者が受領する役務提供の対価は輸出免税になります。通関業者に依頼した側は、支払う対価には消費税は上乗せされませんので、仕入税額控除の対象になりません。厳密に見れば、保税地域の中には外国貨物と内国貨物が混在していますので、その状況を踏まえた、現実的な取扱いです。なお、この取扱いのある保税地域には、保税工場は含まれません。

3 ● 外航船舶等に対する水先案内や誘導等

　次は、外国貨物ではなく外航船舶等に対する役務提供の輸出免税です。

　外航船舶等に対する水先、誘導その他の入出港や離着陸の補助業務などであって、船舶運航事業者等に対して行われるものは、輸出免税の対象になります（消令 17 ②三）。

　ここで「水先」とは、水路が狭い、深度が浅い、船舶の交通が多いなど船舶の安全な運航が必要とされる海域（水先区）において、その海域をよく知る水先人が乗り込んで船舶を安全に導くことをいいます（水先法 2 ①）。

　水先や誘導の他に、船舶や航空機の入出港や離着陸、停泊や駐機のための各種の補助業務や、外航船舶等が使用する港湾や空港の施設の提供（貸付けを含む）、外航船舶等の清掃などの役務提供であって、船舶運航事業者等に対して行われるものも輸出免税の対象になります。外航船舶等の清掃、廃油の回収や汚水処理等も含まれます（消基通7-2-11）。

　注意すべき点は、これらの役務提供も、外航船舶等の修理と同様に、「船舶運航事業者等に対して行われるもの」という要件が付いているということです。輸出免税が適用になるのは船舶運航事業者等から業務を直接受注した事業者であって、それを下請けする事業者の取引は、直接受注者との間の通常の役務提供（課税取引）になります。

4 ● 通関手続きの役務提供

　輸出入のための通関手続きの役務提供は、外国貨物に対する荷役等に類する役務の提供として、輸出免税の対象になります（消令17②四、消基通7-2-12）。この輸出免税は、上記2（3）の取扱いの範囲内で、保税地域（保税工場を除く）にある内国貨物、すなわち輸出しようとしているがまだ輸出許可を得ていない貨物や、すでに輸入許可を得ているがまだ保税地域にある貨物にも適用されます（消基通7-2-13）。

　通関手続きの役務提供者は、基本的には通関業者です。通関業者は財務大臣の許可と税関の監督の下で、通関業法に基づき、輸出入をする本人の名前による通関手続きを代理します。ですから、通関業法に定める通関業者に通関手続きを依頼する場合は、輸出者本人が確実に輸出免税を受けられます（**事例8**参照）。

　通関業者の多くは、海貨業者、フォワーダー、倉庫業者、古い言葉ですが乙仲（旧海運組合法の乙種海運仲立業）などが兼業しています。

　通関業者は輸入消費税を立て替えて納付することがありますが、これは輸入者本人の納税です。請求書に含まれている輸入消費税を仕入税額

控除の対象とせずにただの費用としてしまうと、それに対応する本人の所得税・法人税の額は少なくなっても、納付すべき消費税が過大になって不利ですので、注意が必要です。

　また、通関業者に支払う手数料であっても、通関事務以外の役務提供（外国貨物に係る運送状の作成代行や通関以外の事務の代行等）は、課税対象になります。

5 ● 外国貨物の保税地域での消費

　外国貨物に係る譲渡や貸付け、役務提供の話は輸出免税の問題でしたが、外国貨物の保税地域内での消費・使用は、輸入消費税の課税の問題です。

　外国貨物が保税地域の中で消費された場合、その消費は輸入とみなされて関税法や消費税法が適用されます（輸入品に対する内国消費税の徴収等に関する法律5、関税法62の4②他）。輸入の手続きが済んでから消費するのと同様の課税をするということです。消費税法でも、消費又は使用をした者が、その時に保税地域から引き取ったとみなされます（消法4⑥）。

　ただし、外国貨物が保税地域（特に保税工場）の中で、課税貨物の原料又は材料として使われる場合には、みなし規定の適用はありません（消法4⑥ただし書き、消基通5-6-5）。

　保税工場とは、加工貿易の振興のためにあるものです。外国貨物に関税等がかからない状態で加工や製造ができる地域として税関長が許可した場所で、加工等ができる期間は原則2年間までです。

　保税地域内で行われる加工や製造は、その後に製品となった課税貨物が保税地域から引き取られるときに輸入消費税が課税されれば、国境税調整としての輸入消費税の目的は達成されますので、保税地域内で加工や製造に使われた時点で、その材料等に課税されることはありません。

Ⅵ インコタームズと消費税

1。消費税に出てくる FOB とか CIF とは何？

　輸出免税の制度を見ていくと、資産の海外移送や非課税資産の輸出のところで、「FOB 価格」というものが出てきます（**第 2 章Ⅲ 2（3）、第 3 章Ⅲ 3 参照**）。輸入消費税の方では、課税標準のところで「CIF 価格」というものが使われています（**第 2 章Ⅱ 1（6）参照**）。これらは貿易実務で使われる取引条件を示す基本的な用語で、インコタームズと呼ばれていますが、慣れていなければ分かりにくい言葉です。

　そこで、この項目ではインコタームズと海外取引消費税の関係を整理します。

2。インコタームズとは

（1）貿易条件のひな型

　インコタームズ（International Commercial Terms）とは、貿易をする中で発生する費用と危険（リスク）を当事者間でどちらがどこまで負担するか、言い換えれば負担や責任がどの時点で売主から買主に移転するかという分岐点に関する取決めのことです。条件を何種類かに分けて国際的に統一し、定型化されています。

　対象となる費用とは、運送費、保険料、荷役費、通関費などのいわゆる諸掛りで、これをどちらが手配し、費用を持つかという取決めになります。また、リスクとは、運送中に生じる事故や盗難など、貨物が毀損する危険をどちらの負担とするかということです。

　貿易では、上記のような費用やリスクが一般的な国内取引よりも大きくなります。しかし、このような負担やリスクに係る取引条件（貿易条

件）の解釈が各国又は当事者間で異なると、取引上のトラブルが生じやすくなります。

インコタームズの条件と貨物のリスク・費用負担の移転時期

貿易条件（インコタームズ）			リスクと費用負担の移転時期
1	FAS	Free Alongside Ship 船側渡し	本船の船側に置いた時
2	FOB	Free On Board 本船渡し	本船の甲板に置いた時
3	CFR	Cost and Freight 運賃込み	
4	CIF	Cost, Insurance and Freight 運賃保険料込み	
5	EXW	Ex Works 工場渡し	売主の工場や倉庫等を出た時
6	FCA	Free Carrier 運送人渡し	買主指定の運送人に引き渡した時
7	CPT	Carriage Paid To 輸送費込み	売主指定の運送人に引き渡した時
8	CIP	Carriage and Insurance Paid to 輸送費保険料込み	
9	DAP	Delivered at Place 仕向地持込渡し	指定地での荷卸し直前
10	DPU	Delivered at Place Unloaded 荷卸込持込渡し	指定地で荷卸しした時
11	DDP	Delivered Duty Paid 関税込持込渡し	通関後、指定地での荷卸し直前

（注）インコタームズ2020年版から作成。
1〜4は海路輸送向けの条件、5〜11は陸・海・空輸送に共通の条件、6〜8はコンテナ輸送向けの条件となる。

　そこで、安定した貿易を促進するため、商慣習で形成されてきた貿易条件を国際商業会議所（International Chamber of Commerce: ICC）が定型化してまとめた、貿易条件のモデル・ひな型といえるものがインコタームズです。

　インコタームズそれ自体は完結した売買契約ではありませんが、国際的に定型化された取引条件を当事者間の契約に取り込んで使うことにより、契約交渉等を円滑にするとともに、当事者間の解釈の違いによるトラブルを排除・防止することができます。おおむね10年程度で改訂されていて、現在は2020年版が最新です。

　貿易（特に海路）の貨物は、港との間の輸送、保税倉庫やターミナルへの搬入、船積みや荷卸し、航海、通関や検査など多くの段階を経ながら、輸出者から輸入者へと移動していきます。この間、輸出者・輸入者共に、商品に手出しができない期間も長くなります。

　そのような状況下では、「当事者のどちらが費用や損害を負担するか」という点は、取引価格の決定はもとより、税務上の引渡し日の合理性を考える上でも重要な要素になります。

（2）3文字のアルファベットが表すこと

　インコタームズの定型条件は11種類あって、表のとおりそれぞれアルファベット3文字（FOB、CIF、EXW など）で表されます。

　例えば、FOB とは「Free On Board」のことで、「本船渡し」又は「本船甲板渡し」と呼ばれます。売主が国内の運送から輸出通関までの手配と費用を負担して、出発する港で買主が指定した船舶（本船）の甲板に貨物が置かれたところで売主の引渡し義務が果たされたことになります。引渡しの時点でリスクが移転し、以降は買主が一切の費用とリスクを負担します。船に積み込む港が重要ですから、輸出港の名前を後ろに付けて「FOB 東京港」などといいます。

　また、CIF とは「Cost, Insurance and Freight」のことで、「運賃保

険料込み」と呼ばれます。費用負担は、上記の FOB の費用に相手国の輸入港までの海上保険料（Insurance）と海上運賃（Freight）を加えたものです。危険負担が移転するタイミングは、FOB と同じ条件（本船甲板渡し）です。こちらは輸入港（仕向港）までの価格計算ですから、仕向港の名称を後ろに付けます。

　このように、同じ貨物でも FOB 条件と CIF 条件では価格が違ってきます。CIF 価格は、「FOB 価格＋（仕向港までの保険料＋運賃）」です。売買する商品の引渡し場所、危険負担の分岐点、費用負担の分岐点が価格計算の基準になるわけです。リスク等の負担が移転するタイミングは貿易条件によって異なりますが、一般的には、移転の時期が早いほど輸出者有利、遅いほど輸入者有利になります。

3 ● 消費税での登場場面

（1）輸出免税

　輸出免税は、販売取引ばかりではなく、将来の販売のために資産を国外の倉庫に移送したり、国外の拠点で自己使用したりするための輸出にも適用されます（消法 31 ②、Ⅲ 3 参照）。

　このような輸出はもともと不課税取引ですから、輸出免税とされても課税額に影響はありません。しかし輸出免税扱いになることで、その資産の譲渡等の価額が、課税売上割合の計算では分母・分子の両方に算入されますので（消法 30 ⑥、消令 48 ①、51 ③）、結果的に仕入税額控除の額が変わってきます。

　とはいえ、国外移送は売買ではないので対価がありません。そこで消費税法は、課税売上割合の分母・分子に算入する価額に、FOB 価格を使うこととしています。

　消費税法施行令では、「……当該資産が対価を得て輸出されるものとした場合における当該資産の関税法施行令第 59 条の 2 第 2 項（申告す

べき数量及び価格）の本邦の輸出港における本船甲板渡し価格……とする」（消法31③、消令51④）と定められています。この「本邦の輸出港における本船甲板渡し価格」が、FOB価格のことです。

　また、国際郵便を使って資産を譲渡する場合に、簡易郵便物（内容品の価格が20万円以下）であれば輸出の証明方法が異なってきますが、この20万円の判定にもFOB価格が使われます（Ⅶ2（3）参照）。

（2）輸入消費税

　輸入消費税の課税標準は、関税定率法第4条以下の規定に準じて計算したCIF価格（輸入貨物の代金＋輸入港までの運賃＋保険料）に、関税と消費税以外の消費税等（通法2三）を加算した金額とされています（第2章Ⅱ1（6）参照）。

　国内取引に係る消費税では、対価のない取引はそもそも不課税です。しかし輸入消費税に関しては、無償で譲渡を受けた資産の輸入であっても、CIF価格の計算をすれば必ず課税標準が算出されます。

　輸入申告書には、関税の課税標準となる貨物の輸入価格を記載しなければなりません。その計算は、CIF価格で行うこととされています（関税定率法4①他）。この計算方法が、輸入消費税の課税標準にもそのまま使われているのです。関税と輸入消費税の申告は同時に行いますから、現実的には別々の基準で計算するのはたいへんでしょう。

　消費税法では、「保税地域から引き取られる課税貨物に係る消費税の課税標準は、当該課税貨物につき関税定率法第4条から第4条の9まで（課税価格の計算方法）の規定に準じて算出した価格……（注：これに個別消費税と関税に相当する金額を加算した金額）……とする。」（消法28④）と定められています。この「関税定率法第4条から第4条の9までの規定」が、CIF価格の計算内容になっています。

Ⅶ 郵便で貿易する

１● 輸出入の申告が不要な「簡易郵便物」

（1）郵便は手軽だけれど

　貿易は、船を仕立てたりコンテナーを手配したりするばかりではなく、郵便でもできます。商品が小さい、あるいは少量であれば、簡単な手続きで外国の相手の住所まで配達してもらえますので、業務で国際郵便を利用する事業者も多いと思います。

　資産の譲渡等のための手軽な手段ではありますが、郵便も税関を通ります。したがって、一定の要件の下で輸入消費税や輸出免税の適用があります。これらの制度の適用については、税関で行う輸出入申告と輸出入許可書が不可欠の要件になっていることは、コンテナーでも郵便でも原則として変わりません。

　ところが郵便には、「郵便物の価格が20万円以下であれば、税関への輸出入申告は不要」という、関税法上の特例があります。

　内容物が少額であれば輸出入申告不要という点は魅力的ですが、それは同時に輸出入の許可書の交付もないということです。この点を巡って、「輸出入の証明をどのように行うか」や「20万円とはどのような価格か」などの制度の適用を左右する問題が生じることがあり、うっかりすると輸出免税が適用されないことすらあり得ます。

　郵便は貿易の手軽な手段になりますが、輸出の証明方法と内容物の価格には、よく注意しておく必要があります。

（2）輸出入の申告をしない国際郵便物

　輸出も輸入も、税関への適正な申告納税と検査を経て、税関長から許可書が交付されます（関税法67）。輸入消費税は輸入許可書の名義人に

納税義務が生じますし、輸出免税は輸出許可書の名義人に適用されます。海外取引消費税では、輸出入の許可書は極めて重要な書類です。

　しかし、郵送による輸出入の場合には、次の表のように「1個の郵便物の内容品の合計価格が20万円以下のものは、輸出入の申告をしなくていい」という簡易手続きがあります（関税法76①）。

　ここからは、この関税法第76条第1項に該当する郵便物を「簡易郵便物」と呼びますが、そのような名称の郵送手段があるわけではなく、消費税を考える上での便宜的な呼び方です。この簡易郵便物による輸出入の消費税法上の取扱いが、ここでのテーマです。

郵便物の輸出入の簡易手続き

原則（郵便物にも適用） （関税法67）	貨物を輸出又は輸入する者は、税関長に申告し、必要な検査を経て許可を受けなければならない。
簡易手続き（簡易郵便物） （関税法76①）	価格が20万円以下の郵便物には、関税法第67条は適用しない。ただし、税関長は税関職員に必要な検査をさせる。

　価格が20万円以下の簡易郵便物は、一般的には郵便局にある「税関告知書」に必要事項を記載して、郵便物とともに差し出します。郵便物は税関の出張所が置かれている通関郵便局に送られて、そこで税関検査が行われた後に外国に発送されます。

　一方、価格が20万円を超える郵便物（簡易郵便物ではないもの）については、原則どおり輸出入申告が必要になります。その場合には、事業者が自分で税関に輸出入申告をするか、あるいは通関事務を通関業者に委任することになります。日本郵便㈱も通関業者ですので、郵便局の窓口経由で通関を依頼することもできます。この場合は、輸入消費税や輸出免税の取扱いも通常の輸出と同じになります。

2 ● 郵便で輸出

（1）簡易郵便物の輸出証明は最近厳しくなった

　輸出免税の適用は、輸出許可書等を7年間保存することが必須の要件です（消規5①）。しかし、簡易郵便物は輸出申告が不要で輸出許可書の交付もありません。そこで消費税法は、簡易郵便物による輸出の場合の証明方法を、次の表のように定めています（消規5①二）。

令和3年改正前後の簡易郵便物に係る輸出証明書類

改正前	次の①と②のいずれか ①　輸出年月日、品名ごとの数量と価額、受取人の名称と住所等を記載した「帳簿」 ②　受取人から交付を受けた「物品受領書」等で、輸出者の名称と住所、品名ごとの数量と価額、受取人の名称と住所等、受取年月日が記載されたもの
改正後	（1）　小包郵便物又はEMS郵便物（国際スピード郵便）
	次の①と②の両方 ①　日本郵便㈱による郵便物の引受け書類 ②　輸出者の名称と住所等、品名ごとの数量と価額、受取人の名称と住所等、日本郵便㈱の引受け年月日が記載された発送伝票等の控え
	（2）　通常郵便物
	日本郵便㈱による郵便物の引受け書類で、品名と品名ごとの数量・価額を追記したもの

（注）郵便物の名称は、万国郵便条約第1条に規定するもの。

　見てのとおり、証明の方法は令和3年度の税制改正で厳しい方向に改正されました。令和3年10月1日以後に行われる資産の譲渡等から適用されています。

（2）ただの通常郵便物では輸出免税は受けられない

　令和3年度の改正は、実際には輸出していない資産を、郵便物として輸出したように装って輸出免税の適用を受けようとする事例に対する、課税の適正化（厳格化）の観点から行われたものです。確かに、輸出の証明手段としては改正後の方がもっともな内容で、改正前の「自分の帳簿に書いておけばOK」という要件は、かなり緩かったと感じられます。

　この改正によって、引受け書類が交付されない通常郵便物を使った場合は、内容を帳簿に記載していたとしても、輸出免税は受けられなくなりました。ただし、書留や保険付きなどの郵便オプションを利用して引受け書類が交付されれば、適用が受けられます。このとき、通常郵便物の引受け書類には、品名ごとの数量及び価額を追記しておく必要があります（消規5①ニロ）。

　なお、輸出入の申告不要という関税法の特例は郵便物に限ったもので、民間のクーリエサービス（国際宅急便）等への適用はありません。民間サービスは一貫した国際配送サービスで、配送業者が利用者名で通関も行い、輸出許可書も取得しています。したがって、輸出免税を受けるためには、配送業者から自分の名前の書かれた輸出許可書の原本を入手しておく必要があります。

（3）郵便物の価格が20万円以下とは

　消費税法は、郵便の引受け書類を輸出の証明とすることができる簡易郵便物を、「関税法第76条第1項に定める郵便物」としているだけです（消規5①ニ）。内容物の価格が20万円以下と具体的に定めているのは消費税法ではなく関税法第76条ですので、その価格も関税法で考えることになります。

　関税法施行令は、輸出申告書に記載すべき価格を、「当該貨物の本邦の輸出港における本船甲板渡し価格」と定めています（関税法施行令59の2②）。これはいわゆるFOB価格（Ⅵ参照）のことで、内容品の取引

価格が基準になっていることが読み取れます。また、関税法基本通達では、輸出申告書に記載すべき価格は「有償で輸出される貨物については、原則として当該貨物の現実の決済金額……を基とする」とされています（関基通67-1-4）。

したがって、関税法における輸出申告上の貨物の価格とは現実の取引金額、例えば輸出する物品の販売金額等となりますので、輸出の証明方法も、現実の取引価格が20万円以下か否かで違ってくることになります。

これらのことから、内容品の取引価格が20万円超であれば「税関長の輸出許可書」、20万円以下で小包郵便物かEMS郵便物であれば「引受けを証する書類と発送伝票等の控え」、そして20万円以下の通常郵便物であれば「発送伝票等の控えで品名ごとの数量及び価額が追記されているもの」を7年間保存することが、輸出の証明手段になります。

なお、郵便物の価額は原則として1個当たりで判定しますが、同一受取人に2個以上に分けて郵送する場合には、それらの合計額によります（消基通7-2-23）。発送を分散することによる取引額の操作を防止する規定です。

3 ● 郵便で輸入

（1）輸入にも簡易郵便物の取扱いがある

輸出では日本の関税や消費税の納税は発生しませんが、輸入するときにはこれらの税金が発生します。消費税の申告と納付は輸入申告と同時に行わなければ輸入許可書が交付されず、許可書がないと貨物を引き取ることができません。

しかし、郵便によって外国から商品等を輸入する場合にも、輸出と同じように簡易郵便物の特例があります。輸入の場合は、「内容物の関税の課税標準となるべき価格が20万円以下」であれば、輸入申告が不要

になるというものです。輸出の方では単に「価格」となっていたところが、輸入では関税の「課税標準となるべき価格」になっています（関税法76①）。前者はFOB価格、後者はCIF価格です。

　とはいっても、簡易郵便物で輸入申告が不要というのは、関税や輸入消費税がかからないという意味ではありません。

（2）簡易郵便物の輸入消費税は賦課課税方式

　簡易郵便物に係る関税や輸入消費税には、輸入一般の申告納税方式ではなく、賦課課税方式が適用されています。これは、日本の税関が関税の課税標準（原則としてCIF価格）を査定し、一般の関税率とは別に定められた「少額輸入貨物に対する簡易税率」を適用して関税を賦課課税するもので、これに合わせて消費税も賦課課税されます（関税定率法3の3、別表の付表第二）。

　このとき、関税の課税価格の合計額が1万円以下であれば関税は免除になり、その場合には消費税もかかりません（関税定率法14十八、輸入品に対する内国消費税の徴収等に関する法律13①）。したがって、この場合はそのまま郵便物を受け取れます。

　また、税額が生じる場合は、郵便配達員から郵便物とは別に課税通知書が交付されますが、配達員に納付を委託する（つまりその場で配達員に支払う）ことで、郵便物を受領することができます。受領と引換えに納税した消費税は、当然ですが仕入税額控除の対象になります。

　一方、税関の検査により課税価格が20万円を超える可能性があると判断された場合には、受取人に「通関保留扱い」が通知されます。その場合は、受取人自身が税関に輸入申告して関税と消費税を納税し、輸入許可を得た後でないと、郵便物は受け取れません。この手続きも通関業者に委任できます。通知文書を受け取った際に日本郵便㈱に申し出ることも可能です。

Ⅷ 国外事業者の納税義務の厳格化 （令和 6 年度税制改正）

　消費税の納税義務者は事業者で、それは事業を行う個人と法人をいいます（消法 2 ①四）。その中で、所得税法上の非居住者である個人事業者と法人税法上の外国法人は、「国外事業者」とされています（消法 2 ①四の二）。したがって、消費税法で「事業者」と書かれていれば、そこには国外事業者も含まれて、その条文が国外事業者にも適用になります。

　本書では内国法人を中心に整理していますが、海外取引をする上では、海外の取引相手（国外事業者）の日本での消費税の課税関係や納税義務の有無を知る必要も生じます。また、国内の事業者の海外子会社は国外事業者に該当しますので、日本での消費税の納税義務や、適格請求書発行事業者への登録の要否等の検討が必要になる場面も生じるでしょう。

　国外事業者の課税関係や納税義務の判定は、原則として国内の事業者と同じでした。しかし、令和 6 年度の税制改正で国外事業者の納税義務が厳格化されました。国外事業者にとっては、かなりインパクトのある改正です。そこで、この改正を中心にして、国外事業者に係る消費税の納税義務を整理します。

1 ● 国外事業者の課税と納税義務

　所得税法や法人税法などの所得課税の世界では、居住者と非居住者、内国法人と外国法人では課税範囲や納税手続きが大きく異なりますので、この区別は極めて重要です。しかし消費税法においては、国内で課税資産の譲渡等を行う限り、事業者の居住性（居住者／非居住者、内国法人／外国法人）によって取引の課税関係が異なることは原則としてあ

りません。内外判定によって国内（課税）取引か不課税取引かを判断し、国内取引には申告納税義務が生じます。国内取引になる例としては、国外事業者が国内に有している資産を譲渡する場合や、人員を国内に派遣又は国内で手配して役務を提供する場合などが考えられます。

　輸入消費税や輸出免税といった国境税調整も、国内の事業者と同様に行われます。国外事業者が自分の名前で輸入許可を取って保税地域から引き取る場合は輸入消費税が課税され、納税義務者になります。また、国内で課税売上げが生じても、輸出免税の要件に該当すればその適用が受けられます。例えば、国内に有している資産を国外の顧客に輸出する取引は輸出免税となり、国内で行った課税仕入れに係る消費税額は仕入税額控除の対象になります。

2 ● 令和 6 年度改正前までの免税事業者の判定

　令和 6 年度の改正までは、免税事業者の判定も、基本的には国内の事業者と変わりませんでした。基準期間の課税売上高が 1,000 万円以下であれば納税義務が免除されますが（消法 9）、特定期間（前年の前半 6 か月間又は前事業年度開始から 6 か月間）における課税売上高が 1,000 万円を超える場合は、消費税法第 9 条による納税義務の免除は適用になりません（消法 9 の 2）。

　特定期間による判定は、基準期間の判定で一旦は免税事業者となった結果を再度見直し、それを取り消すものです。そして特定期間の課税売上高が 1,000 万円以下か否かは、課税売上高に代えて給与支払額の合計額で計算することができます（消法 9 の 2 ③）。

　この給与支払額とは、特定期間中に支払った「所得税法第 231 条第 1 項……に規定する支払明細書に記載すべき同項の給与等の金額に相当するもの……の合計額」です（消法 9 の 2 ③）。そして所得税法第 231 条第 1 項は、「居住者に対し国内において給与等……の支払をする者は、

……その給与等……の金額その他必要な事項を記載した支払明細書を、その支払を受ける者に交付しなければならない」と規定しています。すなわち、居住者に対して国内で支払われる給与等の合計額ということになります。

3 • 令和6年度改正で国外事業者の納税義務を厳格化

ところが、令和6年度の税制改正において、国外事業者の納税義務の判定方法等が、国内の事業者に比べて厳格化される方向での大きな改正がありました。次のような内容です。

国外事業者の納税義務等に係る令和6年度税制改正

改正項目		内　　容
プラットフォーム課税制度の創設		国外事業者がデジタルプラットフォームを介して行う消費者向け電気通信利用役務の提供のうち、「特定プラットフォーム事業者」を介して対価を収受するものは、特定プラットフォーム事業者が行ったものとみなす（消法15の2）。 （令和7年4月1日以後に行われる電気通信利用役務の提供に適用）
免税事業者の判定等	特定期間の判定	国外事業者は、特定期間における判定を課税売上高に代えて給与支払額で行うことは認められない（消法9の2③）。
	新設法人の納税義務の免除の特例	外国法人は、その事業年度の基準期間を有する場合であっても、その基準期間の末日の翌日以後に国内において課税資産の譲渡等に係る事業を開始した場合には、その事業年度については基準期間がないものとみなして、新設法人の納税義務の免除の特例を判定する（消法12の2③）。

免税事業者の判定等	特定新規設立法人の納税義務の免除の特例	➤ 外国法人は、その事業年度の基準期間を有する場合であっても、その基準期間の末日の翌日以後に国内において課税資産の譲渡等に係る事業を開始した場合には、その事業年度については基準期間がないものとみなして、特定新規設立法人の納税義務の免除の特例を判定する（消法 12 の 3 ⑤）。 ➤ 特定新規設立法人の範囲に、「（国外分を含む）総収入金額が 50 億円超の者に支配されている法人」を加える（消法 12 の 3 ①④）。
簡易課税制度	国外事業者は、課税期間の初日において所得税法又は法人税法上の恒久的施設（PE）を有していない場合には、簡易課税制度を適用できない（消法 37 ①）。	
2 割特例	また、同様の場合には 2 割特例も適用できない（平成 28 年改正消法附則 51 の 2 ①）。	

（注）　免税事業者の判定等以下は、令和 6 年 10 月 1 日以後に開始する課税期間等から適用する（令和 6 年改正消法附則13、63）。

　プラットフォーム課税制度については、**第 2 章Ⅳ 7** で述べました。国外事業者からは適切な申告納税が一般的に期待しにくいため、「国外事業者が特定プラットフォーム事業者を介して行う消費者向け電気通信利用役務の提供」については、それを特定プラットフォーム事業者が提供したものとみなす、というものです。これにより、国外事業者にあった納税義務がプラットフォーム事業者に転換されます。納税者の把握や管理、申告納税や徴税面を強化した改正です。

　それ以外の改正は次のような内容になっており、国外事業者の納税義務が厳格化されています。

（1）特定期間の判定に給与支払額が使えなくなる

　一般的には、日本に事業拠点を有さない国外事業者が日本の居住者に国内で給与を支払うことはそれほど多くないでしょう。したがって、国外事業者にとって特定期間の課税売上高に代えて給与支払額を使えることは、免税事業者の立場の維持につながる有利な規定でした。

　しかし、実際には海外で多額の不課税売上げや給与支払のある、事業規模の大きな国外事業者もたくさんあります。特定期間の給与支払額に基づく判定は、国外事業者にとっては免税事業者のステイタスが維持できる、抜け穴的な規定だったともいえるでしょう。

　そこで、課税期間の初日において国外事業者である場合は、特定期間における判定を給与支払額で行うことができないこととされました（消法9の2③、消基通1-5-23（注）2）。

　この改正は、令和6年10月1日以後に開始する事業年度から適用されます（令和6年改正消法附則13①）。

（2）国外事業者の基準期間をないものとみなす場合

　新設法人の基準期間がない事業年度（1～2年目）は、原則としては免税事業者になります。しかし、基準期間がない新設法人であっても免税事業者にならない特例が、2つ設けられています。

　特例①　事業年度開始の日の資本金の額等が1,000万円以上の場合（新設法人の納税義務の免除の特例：消法12の2）

　特例②　資本金の額等が1,000万円未満であっても、課税売上高が5億円を超える者等に支配されている場合（特定新規設立法人の納税義務の免除の特例：消法12の3）

　免税事業者の規定の趣旨は、「小規模事業者の納税事務負担の軽減」です。資本金1,000万円以上など、相当の規模や事務能力を備えていると考えられる事業者まで対象とすることは制度の趣旨に合いません。そこで、資本金等が1,000万円以上の新設法人は、基準期間がない課税期

間についても免税事業者にはなりません（**特例①**）。また、資本金が 1,000 万円未満の新設法人であっても、相当な事業規模を有する企業の子会社であれば、同様の理由で免税事業者にはなりません（**特例②**）。

　これらの特例は外国法人にも適用されますので、新設の海外子会社が国内で取引を行う場合には注意が必要ですが、改正ではこれらの特例の適用が、次の表の**改正①**と**改正②**のように厳格化されました。

基準期間がない外国法人に係る免税事業者の判定の改正

特例の前提	特例適用 （免税事業者にならない）要件		
基準期間がない法人（新設法人）は、右の要件を満たす場合には免税事業者にならない	特例①	資本金 1,000 万円以上	免税事業者にならない（消法 12 の 2）
【令和 6 年度改正①】外国法人の場合は、基準期間があっても（新設法人ではなくとも）、国内で課税取引を開始する前の基準期間はないものとみなして、右の要件を適用する	特例②	資本金 1,000 万円未満	外国法人を支配（株式等の 50 ％超を保有）する者の課税売上高が 5 億円を超える場合には、免税事業者にならない（消法 12 の 3）
			【令和 6 年度改正②】外国法人を支配する者に、「総収入金額が 50 億円を超える者」を加える

（3）外国法人に対する特例見直しの理由と内容

　改正①をあっさりいえば、日本で取引を始める外国法人はすべて新設法人とみなして、**特例①**と**特例②**を適用するということです。

　「これまで日本では事業を行っていないが、グローバルには事業を何年も行っている外国法人 A 社」を想定してください。A 社が新たに日本で事業（課税資産の譲渡等）を開始しても、その課税期間の基準期間

は日本の課税売上高はゼロなので免税事業者になります。A 社が世界的には大きな事業や事務処理能力を有していても、2 年間は免税事業者でスタートできるわけです。

　一方、新設の内国法人 B 社が事業を始めた場合は、事業年度開始の日の資本金が 1,000 万円以上であれば、（2）の**特例①**によって設立初年度から課税事業者になります。また、資本金が 1,000 万円未満でも課税売上高 5 億円以上の者等に支配されていれば、**特例②**によって課税事業者になります。これでは外国法人の方が明らかに有利ですが、この不公平な状況が生じるのは、**特例①**や**特例②**の適用が、「基準期間のない法人」に限られているからです。

　そこで令和 6 年度改正では、「その事業年度の基準期間がある外国法人が、当該基準期間の末日の翌日以後に国内において課税資産の譲渡等に係る事業を開始した場合には、当該事業年度については、基準期間がないものとみなして」**特例①**や**特例②**を適用することとされました（（2）の表の左欄「**改正①**」）。

　これにより、基準期間がある外国法人が国内で課税取引を開始する場合には、基準期間がない新設の内国法人と同様の基準（表の右欄）で免税事業者の該当性を判定することになりました。事業を開始した事業年度に限らずその翌事業年度であっても、基準期間がないものとみなされる事業年度の開始の日における資本金の額が 1,000 万円以上であれば免税事業者にはならず、1,000 万円未満でも課税売上高が 5 億円を超える者等に支配されている場合等には免税事業者になりません（消法 12 の 2 ③、消法 12 の 3 ⑤、消基通 1-5-15、1-5-15 の 2（注）2）。基準期間ができた 3 年目以後の課税期間においては、通常の方法（消法 9 ①）で免税事業者の判定を行います（消基通 1-5-18）。

　この改正は、令和 6 年 10 月 1 日以後に開始する事業年度から適用されます（令和 6 年改正消法附則 13 ②）。

（4）親の取引規模が大きいと子会社は免税事業者にならない

　上記（2）の**特例②**は、資本金等が1,000万円未満の小規模な法人でも、その法人の発行済株式や出資の50％超を直接・間接に保有している支配者等（個人・法人を問わない）がいて、その支配者の課税売上高（法人の基準期間に相当する期間のもの）が5億円超である場合には免税事業者になれないという規定です（消法12の3、消令25の4）。

　しかし、課税売上高で判定するだけでは、支配者が日本で事業を行っていなければ課税売上高はゼロですから、資本金1,000万円未満の子会社が課税事業者になることはありませんでした。ここでも、支配者が国外にいる場合と国内にいる場合の不公平が生じていました。

　そこで、改正で支配者等の範囲が拡大され、課税売上高が5億円を超える者以外に、「総収入金額が50億円を超える者」が追加されました（消法12の3①、消令25の4②：（2）の表の右下欄「**改正②**」）。

　総収入金額とは、全世界の売上金額、収入金額その他の収益の額の合計額です（消令25の4②）。国外で行う課税資産の譲渡の対価はもとより、それ以外の取引の対価、例えば受取利息や配当金、有価証券売却益、為替差益、貸倒引当金戻入益、負ののれん発生益など、すべての収益の額が含まれます（消基通1-5-21の3）。

　この要件を追加したことで、日本以外で大きな事業を行う国外企業等に支配されている外国法人は、資本金が1,000万円未満であっても、課税事業者からスタートすることになりました。この改正は、令和6年10月1日以後に開始する事業年度から適用になります（令和6年改正消法附則13③）。

4● 簡易課税制度と2割特例はPE保有が要件に

　簡易課税制度は、国外事業者も国内の事業者と同じように適用することができるものでした。しかし令和6年度税制改正で、令和6年10月

1 日以後に開始する課税期間からは、その課税期間の初日において所得税法（所法 2 ①八の四）又は法人税法（法法 2 十二の十九）上の恒久的施設（以下「PE」という）を有しない国外事業者には、簡易課税制度の適用は認められないこととなりました（消法 37 ①、令和 6 年改正消法附則 13 ⑩）。また、PE を有していて簡易課税制度を適用している国外事業者が PE を有しないこととなった場合には、有しないこととなった課税期間の翌課税期間からは、簡易課税制度は適用されません（消基通 13-1-3 の 5）。

　さらに、インボイス制度導入の経過措置である「2 割特例」（平成 28 年改正消法附則 51 の 2 ①②）も、令和 6 年 10 月 1 日以後に開始する課税期間からは、国外事業者は課税期間の初日に PE を有していないと適用できなくなりました（平成 28 年改正消法附則 51 の 2 ①、令和 6 年改正消法附則 63）。

　国内に PE を有さずに事業を行う国外事業者の場合は、国内で行う課税仕入れは一般的に僅かなものと想定されます。簡易課税制度の業種に基づくみなし仕入率は、例えばサービス業なら 50 ％ですが、一般的には課税仕入れがもっと少ない、PE を有さない国外事業者に対して一律にこれを適用することは、適切とはいえません。そこで、国外事業者が簡易課税制度を適用する条件として、その課税期間の初日に、国内に PE を有していることとしたものです。

　また、インボイス制度導入の経過措置である 2 割特例（みなし仕入率 80 ％）も簡易課税制度と類似の制度であり、これに対しても同様の条件が付されました。簡易課税制度や 2 割特例は、国内取引を行う外国法人にとって使い勝手のいい制度だったと思いますが、改正法の適用開始以降は十分な注意が必要になります。

5 ● 改正の理由は国外事業者のコンプライアンス

　免税事業者の判定や簡易課税制度、2割特例の適用要件の厳格化は、「国外事業者により行われる事業者免税点制度や簡易課税制度を利用した租税回避を防止するため」の必要な見直しとされています。

　電気通信利用役務の提供を例にとれば、国外事業者は日本に拠点を持たなくとも、デジタルプラットフォームを介して容易に日本の市場でビジネスができる時代です。これに対して課税する国側では、国外にいる事業者の捕捉が難しく、その後の税務調査や徴収にも課題を抱えています。税務が適正に執行できないという大きな問題です。国としては、国外の売手側からは納税されない一方で、国内の買手側（事業者）では仕入税額控除が行われる状況は避けなければなりません。

　そもそも免税事業者や簡易課税制度の規定の趣旨は、事務処理能力が十分ではない小規模事業者の納税事務負担に配慮し、それを軽減することです。単に「国内での事業規模が小さいなら消費税を納めなくていい」というものではありません。海外から日本に進出する事業者であれば、一般的には申告納税のための事務能力は備わっていると考えられます。

　このようなことから、令和6年度の改正で国外事業者の納税義務の判定が厳しくなりました。国外事業者にとっては、インパクトの大きい改正でした。

6 ● 国外事業者の適格請求書発行事業者の登録

（1）特定国外事業者

　国外事業者が日本で適格請求書発行事業者の登録をする場合には、国外事業者用の申請書様式が定められています。申請の基本的な手法や期限等に関しては、国内の事業者との違いはありません。しかし、国外事

業者が日本に事務所等を有していない場合は「特定国外事業者（消法57
の2⑤一）」に該当しますので、申告納税の履行を担保するための追加
的な申請要件が定められています。

　追加的な要件とは、申請に当たって納税管理人（通法117）と税務代
理人（通法74の9③二）を定めることです。これらが定められていない
場合は登録の拒否事由に該当し（消法57の2⑤二イ、ロ）、さらに登録
後であっても取消事由に該当します（消法57の2⑥）。

（2）納税地の選択

　国内に事務所等を有している場合は、その事務所等の所在地が納税地
になりますが、そうでない外国法人は、申請に当たって納税地を決める
必要があります（消法22、消令43）。国内の不動産から収入がある場合
にはその不動産の所在地になりますが、そうでなければ、納税者の最も
便利な場所で構いません。国税庁は、事務所等とまではいえなくともそ
れに近い場所（例えば関連会社や代理店など、業務に関連する場所）が
国内にある場合には、その場所を選択することを勧めています。

（3）納税管理人

　日本に事務所等を持たない非居住者や外国法人が、申告などの国税に
関する事務を行う必要があるときは、日本に住所又は居所を有する者か
ら納税管理人を定めて、税務署に届け出る義務が定められています（通
法117①②）。

　納税管理人とは国外にいる納税者の「国内での連絡窓口」であって、
納税者が提出する申告等の内容を判断する者ではありませんので、税理
士等の資格要件はなく、個人か法人かも問いません。税務当局と国外の
納税者との書類送付や連絡は、すべて納税管理人を窓口として行われま
すので、実務的には親会社などが都合のいい場合もあるでしょう。納税
管理人の届出は、適格請求書発行事業者の登録申請書と同時に、「消費

税納税管理人届出書」を提出して行います。

　なお、納税管理人の規定は、令和3年度の税制改正で少々強化されました。国外の納税者の税務調査に関連する連絡や書類の授受（これを「特定事項」という）が必要な場合に、納税管理人が定められていなければ、税務当局が書面で期日を指定して求めたり（通法117③）、候補者を指定して納税管理人となることを求めたり（通法117④）、それでも定められない場合に当局が指定したり（通法117⑤）できるようになっています。取引の国際的なリモート化を反映して、国外事業者に対する納税の管理や税務調査、徴収を適切に行うための改正で、令和6年度の改正とも軌を一にしたものといえるでしょう。

（4）税務代理人

　税務代理人は納税管理人と異なり、税理士又は税理士法人であることが必要になります。

　適格請求書発行事業者の登録申請のための届出書等はありませんが、申請書にその旨を記載するとともに、申請書への税務代理権限証書の添付が要件とされています（通法74の9③二、登録申請書の記載要領）。

IX 小規模事業者の海外取引と消費税

1 ● 免税事業者と海外取引

　免税事業者であっても、海外取引を行う事業者は増えてきていると思います。そもそも申告納税義務がないので、海外取引消費税に悩む場面はほとんどないと思いますが、免税事業者の判定の段階で、基準期間や特定期間の課税売上高（1,000万円以下）をカウントする際には、海外取引に注意が必要です。

　基準期間等の課税売上高としてカウントするのは、「国内において行った課税資産の譲渡等の対価の額」です（消法9②）。したがって、内外判定で国外となる取引の対価はカウントしませんが、輸出免税になる取引の対価は基準期間の課税売上高に含まれます。輸出免税になる売上げは、その前提として国内（課税）売上げだからです。

　これは特定期間の課税売上高に関しても同様です。基準期間の課税売上高が1,000万円以下であっても、特定期間の課税売上高が1,000万円を超える場合には、基準期間による免税事業者の判定が取り消され、適用されません（消法9の2①）。

　なお、特定期間における判定では、特定期間中に支払った給与の額（所得税法第231条第1項に規定する支払明細書に記載すべき給与等の金額）を、課税売上高とすることができます（消法9の2③）。ただし、令和6年度の税制改正により、国外事業者（所得税法上の非居住者又は法人税法上の外国法人）については、令和6年10月1日以後に開始する課税期間からは、給与支払額を課税売上高とすることはできなくなりました（消法9の2③、Ⅷ参照）。

　また、事業者向け電気通信利用役務の提供を受けたことでリバース・チャージ方式による納税の対象になる支払額（特定課税仕入れに係る支

払対価の額）は、消費税の課税標準にはなりますが（消法28②）、免税事業者の判定における課税売上高には含まれません（消法9①②、28①、消基通1-4-2（注）4）。

2 ◦ 簡易課税制度と海外取引

（1）簡易課税制度の利用状況

　中小規模の事業者の多くが、簡易課税制度を選択しています。国税庁ホームページで公表されている「第147回国税庁統計年報書（令和3年度版）」268頁によれば、令和3年4月から令和4年3月までの間に終了した課税期間における納税額のある申告数に占める簡易課税制度を適用した申告数（千件未満四捨五入）は次のとおりです。

簡易課税制度の適用事業者数　　　　（単位：千件）

事業者		個人	法人	合計
申告・処理件数（注）		1,064	1,858	2,922
内	簡易申告数	633	497	1,130
	簡易申告割合	59.5%	26.7%	38.7%

（注）R3.4.1 ～ R4.3.31 に終了した課税期間の事績

　適用者数は個人事業者のほぼ6割、法人でも3割近く、申告全体では4割近くに上っており、多くの事業者に利用されています。そして、インボイス制度の導入を契機に適格請求書発行事業者（課税事業者）になって、簡易課税制度を選択している事業者も多いと思いますので、今後はこの割合がさらに高くなっていくかも知れません。

　簡易課税制度は、中小事業者の申告納税の事務負担（仕入税額控除の計算）を軽くするための制度です。基準期間の課税売上高が5,000万円以下の課税期間で、届出書の提出を前提として適用できます。売上げに係る消費税に「みなし仕入率（業種により異なり、第1種事業90％～

第6種事業 40 ％)」を乗じた金額を、その課税期間における仕入れに係る消費税額とみなして仕入税額控除を行います。

　制度の適用は課税事業者（≒適格請求書発行事業者）であることが前提ですが、インボイスの保存がなくともみなし仕入率に基づく仕入税額控除ができますので（消法 37 ①）、インボイスのチェックなど煩瑣な事務を省略できます。

　一般的な注意点としては、基準期間の課税売上高要件の充足、みなし仕入率を決めるための業種の判定、届出の時期などが挙げられます。

　なお、国外事業者の場合は、令和 6 年 10 月 1 日以後に開始する課税期間からは、その初日に恒久的施設を有していなければ、簡易課税制度は適用できません（消法 37 ①）。

（2）簡易課税制度の適用判定と海外取引

　基準期間における課税売上高（5,000 万円以下）のカウントにおいては、国外取引は含みませんが、輸出免税の適用のある国内取引は含まれます。

　また、事業者向け電気通信利用役務の提供を受けたことでリバース・チャージ方式による納税の対象になる支払額（特定課税仕入れに係る支払対価の額）は、消費税の課税標準にはなりますが（消法 28 ②）、簡易課税制度の判定における課税売上高には含まれません（消法 37 ①、9 ①②、28 ①）。

　これらの考え方は、免税事業者の判定（1,000 万円以下）の場合と同様です。税務調査では、基準となる数値や金額が限度すれすれの場合にはしっかりチェックされる可能性がありますので、注意が必要です。

（3）輸出免税と簡易課税制度

　簡易課税制度では必ず納税額が算出されますが、一方で輸出免税になる売上げが多い事業者であれば、本則課税で計算すると簡易課税制度よ

りも税額が少なくなる、又は還付になる可能性があります。納税額の面から見た有利・不利ということですが、一般的には輸出売上げが多くなるほど、簡易課税制度では不利になっていきます。

　仮に簡易課税制度を選択している事業者に輸出売上げしかない（売上げの100％が輸出免税になる）状態であれば、納税額も仕入税額控除も生じず、実質的には免税事業者と変わりませんが、申告義務はあります。

　一方、本則課税で申告する事業者に輸出売上げしかなければ、国内で行う課税仕入れに係る消費税額は全額還付になりますので、簡易課税制度より大きく有利です。

　しかし、簡易課税制度と本則課税の有利・不利の分岐点は、実際の課税売上げや課税仕入れの額によって変わりますので、確実な答えはありません（**事例30**参照）。

（4）輸入消費税と簡易課税制度

　輸入消費税の納税義務者は、外国貨物を保税地域から引き取るすべての者ですから、簡易課税制度を適用している課税事業者も当然ながら納税義務が生じます。

　ここで、本則課税で申告する場合は輸入消費税を仕入税額控除の対象とすることができますが、簡易課税制度ではみなし仕入率を使って、仕入控除税額を売上税額から直接算出しますので、納付した輸入消費税の額は申告納税額には関係してきません。

（5）電気通信利用役務の提供と簡易課税制度

　事業者向け提供を受けた場合のリバース・チャージ方式は、課税売上割合が95％以上の課税期間においては適用されません（平成27年改正消法附則42）。特定課税仕入れそのものが「なかったこと」になりますので、課税も仕入税額控除も生じません。

　そして、簡易課税制度で申告する課税期間も同様の取扱いになります（平成 27 年改正消法附則 44 ②）。リバース・チャージ方式による納税は生じず、仕入税額控除にも関係してきません。

　消費者向け提供を受けた場合は国内で行う課税仕入れに該当し、インボイスの保存があれば仕入税額控除の対象になりますが、簡易課税制度で申告する限りはこれも関係ありません。

（6）簡易課税制度とインボイス制度

　インボイス制度によって仕入税額控除の計算に新たな考え方や手続きが導入され、事務負担も増加しました。しかし、簡易課税制度は仕入税額控除の計算の負担を軽減するための措置ですから、これによってインボイス関係事務の相当部分が省略できます。

　また、インボイス制度導入による負担の軽減策として各種の経過措置が設けられていますが、そのうちで「インボイスがなくとも仕入税額控除ができる」ことを主眼とする経過措置は、簡易課税制度を選択している限り関係ありません。適格請求書発行事業者以外の者からの仕入れに係る 80 ％・50 ％の仕入税額控除や少額特例などです。

　これに対し、「2 割特例」や「簡易課税制度適用の届出期限の緩和」の経過措置は、簡易課税制度の選択と適用に大いに関係してきます。これらの経過措置と海外取引との関係については、Ⅱを参照してください。

所得課税と消費課税における国際課税の比較

　この項目では、所得課税（所得税や法人税の課税）における国際課税の問題と、消費課税における国際課税の問題を比較してみます。硬い用語と少々理屈っぽい話になりますが、海外取引に係る消費税の仕組みの原点と、所得課税における国際課税との共通点を見てみます。

1 ○ 税目による国際課税の違い

（1）所得課税の国際課税

　所得課税の世界では、納税義務者は大きく2種類に分かれます。所得税では居住者と非居住者、法人税では内国法人と外国法人で、それぞれ課税所得の範囲や申告納税方法が大きく異なっています。国内に住所や本店登記があるのが居住者や内国法人（以下「居住者等」という）、それ以外が非居住者や外国法人（以下「非居住者等」という）です。

　日本をはじめ多くの国では、居住者等は所得の生じた国を問わずすべての所得が課税対象になります。「全世界所得課税」です。これに対して非居住者等に対する日本の課税の範囲は、非居住者等が得る「国内源泉所得」に限られています。国内に源（みなもと）がある収入という意味で、その種類は所得税法第 161 条と法人税法第 138 条に列挙されてい

納税者の居住形態による課税方法

課税方法	所得課税		消費課税
	所得税	法人税	
全世界所得課税	居住者	内国法人	国内・国外事業者を問わず、国内で行われた取引に課税
国内源泉所得だけに課税	非居住者	外国法人	

ます。非居住者等が稼いだ国内源泉所得だけに課税する方法は「源泉地国課税」といわれます。

ここで、日本の居住者等であるAがX国の国内源泉所得に当たる収入を得た場合には、Aは同じ収入に対して日本から全世界所得課税を受けると同時に、X国からも源泉地国課税を受けます。これが「国際的二重課税」で、日本とX国の課税権の競合により生じるものです。

(2) 国際課税のテーマは課税権の配分

国際課税という分野は、このような国際的二重課税をいかにして緩和・解消するかを最大のテーマにしてきました。言い換えれば、「国境をまたぐ取引に複数の国の課税権が生じたときに、どの国がどれだけ課税するか」という、国家間の課税権の配分の問題です。非居住者等に課税する範囲を国内源泉所得に限定することや、移転価格税制に基づいて課税所得を再計算することなど、国際課税の制度は国家間の課税権を適切に配分するためにあるものです。

(3) 消費課税の国際課税

これに対して消費税には、所得課税のような納税義務者の居住形態による課税範囲の違いは、原則としてありません。

納税義務者は「事業者」と「外国貨物を保税地域から引き取る者」であり（消法5）、事業者とは個人事業者と法人をいいます（消法2①四）。この事業者のうち、所得税法の非居住者である個人事業者と法人税法の外国法人を合わせて、「国外事業者」といいます（消法2①四の二）。所得課税における非居住者や外国法人という区分に該当しますが、消費税では国外事業者もそれ以外の事業者も消費税の課税範囲は同じで、国内で行う資産の譲渡等だけが課税対象になります。消費税の納税義務者は、グローバルに平等です。

ただし、国外事業者が納税に関して特別な扱いを受ける場面はありま

す。国外事業者が電気通信利用役務の提供を行ったときに、リバース・チャージ方式により納税義務者が国外事業者から国内の役務受領者に転換される場合や、令和6年度税制改正で導入されたプラットフォーム課税制度により納税義務者が国外事業者から特定プラットフォーム事業者に転換される場合（**第2章Ⅳ7参照**）です。このような納税義務の転換は、対価の支払者が源泉徴収義務者になるのと似ています。

　これ以外には、簡易課税制度やインボイス経過措置の2割特例の適用には日本での恒久的施設の保有が要件になることや、免税事業者の判定における特定期間の判定で給与支払額が使えないことも挙げられます（Ⅷ参照）。これらは、各制度適用の判定上、国内の事業者とのバランスを取るための措置です。

　しかし、消費税なら国際的二重課税が生じない、というわけではありません。

　例えば日本からX国に商品を輸出する場合に、もし日本でも消費税を課税し、X国でも輸入消費税を課税すれば、1つの取引に日本とX国の両方が消費税を課すことになります。そして、X国で課税された消費税や付加価値税は、日本では仕入税額控除はできません。ここに国際的二重課税が発生し、そのために商品価格が上昇して、X国での日本からの輸入品と国産品の価格競争に歪みが生じてしまいます。このような二重課税を排除し、国家間で課税権を振り分ける方法が、国境税調整（輸入消費税の課税と輸出免税）です。

2 • 国際的二重課税の排除方法の比較

（1）所得課税の二重課税の排除方法

　所得課税の国際的二重課税の排除策（多くの場合には完全に排除できないので、緩和策）としては、外国税額控除の制度や租税条約等があります。外国税額控除は、二重課税が生じたことを前提に、全世界所得課

税を行う居住地国の納税額から源泉地国の納税額を控除する方法です。広く課税する居住地国側が身を引いて、課税が重なった部分では源泉地国を優先するものです。

　また、租税条約は、国際的二重課税ができるだけ生じないように、締約国間であらかじめ課税の範囲（＝国内源泉所得の範囲）を線引きして統一しておいたり、二重課税が生じやすい収入に係る税率を国内法よりも低くしたりするものです。

（2）課税を国の中だけに限る方法

　ここで、外国税額控除の他にも、所得課税の国際的二重課税を排除する方法があります。「自国内で生じた収入にしか課税しない（国外で生じた所得は課税対象としない）」という、二重課税をもとから生じさせない方法です。これは、全世界所得課税を前提にした外国税額控除方式に対して、「国外所得免除方式」などと呼ばれます。国内法で採用している国や、他国と結ぶ租税条約でこの方式を採用する国もあります。

　国際的二重課税を緩和する方法としては、客観的に見て外国税額控除よりもすっきりしているように思えます。しかし、「全世界所得課税＋外国税額控除」方式の国と国外所得免除方式の国が混在してしまっては、かえって国際課税関係が複雑になったり、国と国との制度の隙をついて国際的な租税回避行為が行われたりする恐れもあります。

　なお、日本は外国税額控除方式を採用していますが、「外国子会社から受け取る配当等の益金不算入（法法 23 の 2）」だけは、国外所得免除方式に基づいた制度になっています。

（3）消費課税の二重課税の排除方法

　消費税や付加価値税では、国境を越える取引から生じる国際的二重課税の解消策として、「輸出される資産には自国では課税せず、資産が向かった（仕向けられた）先の国での課税に任せる」という方法が、日本

や欧州で広く採用されています。このような考え方を「仕向地主義」と
いいます。

　輸出される資産は、それが仕向けられた国（輸出先の国）で流通・消
費されますので、消費税の趣旨である「消費される国での課税（消費地
課税主義)」にもなじみます。

　この仕向地主義の考え方に基づいて、輸入消費税の課税や輸出免税と
いう国境税調整が行われています。これにより国際的二重課税を防止す
るとともに、国際的な取引に対する消費税の中立性が確保されることに
なります。

二重課税の排除方法		
	所得税・法人税	消費税（仕向地主義）
外国税額控除方式	全世界所得課税を前提に、他国の源泉地国課税と重なった部分を居住地国で税額控除する	➤　国内取引だけに課税し、国外取引は課税対象としない ➤　取引の国と消費の国が異なる場合は、消費の国で課税されるように調整する（国境税調整）
国外所得免除方式	国外で生じた所得には課税しない	

3 ● 消費税のシンプルな国際課税

(1) みんなで仕向地主義なら怖くない

　消費税の仕向地主義は、所得課税における国外所得免除方式と同様の
考え方です。

　消費税の課税対象は発生した所得ではなく取引という行為ですが、課
税の対象を「国内で行われた取引だけ」に限定しています。所得課税の
国外所得免除方式が、課税される所得の発生場所を国内に限定している
のと同じです。

　もし仕向地主義がすべての国の消費税や付加価値税で採用され、各国が自国内の取引だけに課税するとともに、国境をまたぐ（国際的二重課税が生じる）取引に対して仕向地主義に基づく国境税調整を確実に行えば、理屈の上では国際的二重課税は生じません。消費税・付加価値税ではこの考え方が世界標準になっており、各国の税制には国境税調整がほぼ標準装備されていますので、所得課税に比べてグローバルな税制の調和が進んでいます。

（2）租税条約も外国税額控除もない

　このようなことから、消費税法には租税条約はありません。現行の租税条約はすべて、所得に対する租税に関する条約です。消費税法には「国内」と「国内以外の地域」しかありませんので、所得課税のように租税条約のために取引相手国によって課税の内容が変わるなどということもありません。

　さらに、所得課税の世界では最も重要になる居住者等と非居住者等などの区別による課税内容の違いも基本的にはありませんし、外国税額控除の制度もありません。仕向地主義はシンプルな国外所得免除方式だからです。

　また、租税特別措置法にも輸出免税に係る例外的な規定が僅かにあるだけで（措法85～86の2）、タックス・ヘイブン対策税制や移転価格税制のような重い規定もありません。消費課税の国際的な側面に係る規定は、消費税法だけで完結しています。

　ただし消費税法は、輸入や輸出に関しては関税法や関税定率法、輸入品に対する内国消費税の徴収等に関する法律等を基礎にした規定が多くあり、これらを参照する必要が生じます。むしろこの作業の方が、海外取引消費税の面倒な部分かもしれません。

第4章

事例でもう少し
考えてみる

Ⅰ　内外判定

事例 1 ● 外国から外国の輸出は輸出免税ではない

　株式会社Ａ社は、Ｘ国法人Ｂ社からＸ国内で商品を仕入れ、そのままＹ国法人Ｃ社に輸出販売した。Ｘ国からＹ国への輸出手続きは、Ａ社が行った。

　Ａ社（仕入税額控除は個別対応方式）は、Ｃ社への販売を輸出免税と考えて、その売上額を、課税売上割合の計算式の分母・分子の両方に算入した。

　その後、Ａ社の税務調査において、「Ｂ社・Ｃ社との取引は不課税取引なので、取引額は課税売上割合の計算には影響しないため、課税売上割合が過大になっている」との指摘を受けた。

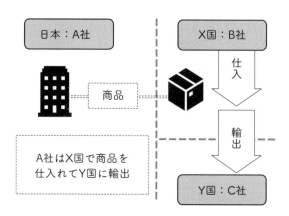

（1）消費税では輸出は国内取引

　Ａ社は商品をＸ国で仕入れ（資産の譲受け）、それをそのままＹ国に輸出（資産の譲渡）しました。仲介貿易（三国間貿易）の形態です。

　事例ではまず、事業者である A 社が事業として、他の者（B 社）から資産を譲り受けていますので、これは A 社の課税仕入れに該当します（消法 2 ①十二）。しかし譲渡を受ける時に資産が X 国にあるので、国外取引になります（消法 4 ③一、消基通 5-7-1）。仕入税額控除は「国内において行う課税仕入れ」しか対象になりません（消法 30 ①）のでできませんし、B 社からインボイスも交付されません。同様に、C 社への譲渡の時にも商品は X 国に所在していましたから、これも国外取引で不課税です。一連の取引から生じる利益は A 社の法人税の対象ですが、日本の消費税の対象にはなりません。

　さらにいえば、仮に事例とは違って A・B・C 各社が日本企業であり、売買契約がすべて日本国内で行われていたとしても、事例のとおり資産が国外で譲渡される限り、国外取引（不課税）になることに変わりはありません（消基通 5-7-10）。

　この状況で A 社はうっかり、C 社への売上げを輸出免税と考えて、対価を課税売上割合の分子と分母の両方に算入してしまいました。

　しかし輸出免税とは、まず国内取引（課税取引）に該当することを前提として、その上で引渡しの手段が日本からの関税法上の輸出である場合に、例外的に課税が免除になる仕組みです。

　不課税も輸出免税も、日本の消費税がかからないという意味では似ていますが、そもそも両者は全く交わるところのない概念で、課税売上割合や仕入税額控除の計算も違ってきます。調査での指摘は、課税売上げの計上漏れ等ではなく、課税売上割合が過大になっているという点でした。

（2）不課税と輸出免税では課税売上割合が変わる

　課税売上割合の分母と分子は、いずれも「国内において行った取引の対価の額」だけが対象となります（消法 30 ⑥、消令 48）。事例の C 社との取引は資産の譲渡等には該当しますが、国外取引ですのでその対価の額は分母にも分子にも算入されません。

　一方、輸出免税となる場合は、その前提として国内における資産の譲渡等であるため、対価の額が分母にも分子にも算入されます。

　Ａ社は、Ｃ社との取引の対価を分母・分子の両方に算入しましたが、その結果、両方に算入しない場合に比べて割合が大きくなってしまっています。不課税とした場合に比べて、仕入税額控除の額が過大（納税額が過少）になってしまった点が、調査での指摘となりました。

　事例は、日本の消費税の実際の仮受け・仮払いが生じない状況で、課税売上割合の計算だけを誤ったケースです。しかし、「国外取引か、それとも国内取引だが輸出免税か」という判断は、有形資産よりも無形資産や役務提供の取引において、難しい場合が生じてきます。どちらに転ぶかで、仕入税額控除の可否や課税売上割合の計算が変わってきますので、慎重に検討する必要があります。

他税目の視点

➢ 法人税では居住者・内国法人は全世界所得課税ですので、商品が譲渡等の時にどの国にあっても、仕入れや売上げの計上に違いはありません。事例では資産はＸ国にありますが、Ｂ社からの仕入原価（棚卸資産の取得価額）の計算や、Ｃ社への売上計上時期などが注意点になるでしょう。

➢ Ａ社には、Ｂ社から商品を仕入れる時にＸ国の消費税又は付加価値税が（税制があれば）かかります。そのＸ国消費税は、商品をＸ国からＹ国のＣ社に輸出する時に、Ｘ国の輸出免税の適用を受けて還付（仕入税額控除）されるのが一般的です。そのためには、Ａ社がＸ国の課税事業者（納税義務者）として登録されていて、還付を受けるための申告をすることが必要になるでしょう。

事例 **2** ○ 国外取引のための国内課税仕入れは仕入税額控除できる

A社は事例1と同じ内容の取引において、日本にあるD弁護士事務所に、B社・C社との契約書の作成方法に関するコンサルティングや翻訳、内容のチェック等を依頼した。役務提供は国内で受け、インボイスを受領して対価を支払った。

A社は、事例1のとおりC社への売上げが輸出免税取引である（不課税取引ではない）と思い込んでいたので、D事務所への支払いは「輸出免税に係る国内課税仕入れ」と考え、個別対応方式の用途区分を「課税資産の譲渡等にのみ要するもの」としていた。

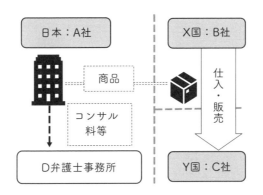

（1）国内で行った課税仕入れは仕入税額控除できる

これは、税務調査で是正を求められたケースではありませんが、**事例1と同じ状況**において、「A社が行ったB社・C社との国外（不課税）取引のために、日本国内で生じた課税仕入れがあった場合には、仕入税額控除の計算はどうなるか」という問題です。

内外判定は、原則は単純です。有形資産の取引はその在処がわかりや

すいので、悩む余地は少ないでしょう。事例の取引の商流はX国B社→日本A社→Y国C社ですが、商品は一度も日本に入ってきませんので、日本の消費税の課税も国境税調整も、関係してくる余地がありません。国内取引ではないので、課税売上割合の計算にも関係してきません（消法30⑥、消令48）。

　仕入税額控除できるのは国内で行う課税仕入れだけです。そして、D事務所がA社に役務提供する場所が日本国内なら国内取引ですので、A社が支払うコンサルタント料はD事務所では課税売上げ、A社では課税仕入れになって、仕入税額控除ができます。

　ここで、A社はC社売上げが輸出免税だと思っていましたので、D事務所への支払いもそれに合わせて、個別対応方式の区分（消法30②一）を「課税資産の譲渡等にのみ要するもの」としていました。しかしC社売上げは輸出免税ではなく、国外取引で不課税でした。それでも、個別対応方式の区分はこのままで良かったのでしょうか。

（2）国外での譲渡は不課税だが「課税資産の譲渡」ではある

　結論としては、この区分でOKです。ある取引が、国外取引だという理由で課税対象外（不課税）であっても、その国外取引が「課税資産の譲渡等」に該当している限りは、そのために要する国内での課税仕入れは仕入税額控除ができ、個別対応方式の場合の区分は、「課税資産の譲渡等にのみ要するもの」になります（消基通11-2-13）。

　そしてこの取扱いは、国外で譲渡等をする資産が非課税資産であっても、変わりません。非課税取引とは、「国内において行われる資産の譲渡等のうち」消費税法別表第2に掲げるものと定義されています（消法6①）。ですから、国内で行えば非課税になる資産の取引（例えば土地の譲渡）であっても、国外で行えば（国外の土地の譲渡は）課税資産の取引となりますので、そのために国内で行った課税仕入れは、課税資産の譲渡等にのみ要するものになります。

（3）紛らわしい基本通達

　ここで、個別対応方式の区分について、少々紛らわしい基本通達があります。消費税法基本通達 11-2-16 です。

　この基本通達の内容は、「資産の譲渡等に該当しない取引」に要する課税仕入れ等は、課税資産の譲渡等とその他の資産の譲渡等に共通して要するものに区分する、というものです。その例として、株券の発行のための印刷費や証券会社へ支払う引受手数料等を挙げています。株券や物品切手等の発行は資産の譲渡等に該当しないという理由で不課税になる取引で、そのために要する費用の区分は「共通して要するもの」になるという趣旨です。

　消費税の課税対象になる要件は、①国内において、②事業者が事業として、③対価を得て行う、④資産の譲渡等で、①〜④のどれかが欠けても不課税になります。しかし、同じ不課税であっても、①に該当しない（国外取引である）取引と④に該当しない（資産の譲渡等ではない）取引では、そのために要する課税仕入れの個別対応方式における区分が異なってくるということです。

　不課税取引に要する課税仕入れがすべて「共通して要するもの」に区分されるわけではないという点に留意してください。

他税目の視点

➤　Ｄ事務所からの課税仕入れは、法人税法では商品の仕入原価となり、Ｘ国に所在する商品が棚卸資産になる場合には、取得原価に含めることになりそうです。

　ただし、商品の買入事務等に要した費用の合計額が棚卸資産の購入代価のおおむね３％以内であれば、取得価額に算入しないこともできます（法基通 5-1-1）。

事例 **3** ◦ 国外で役務を提供しても不課税とは限らない

　株式会社 A 社は、株式会社 B 社から、X 国内で行う業務を受注した。内容は、X 国内の複数の街で B 社商品のサンプルを配り、感想を聞き取って結果を分析し、改善点を提案するという業務である。A 社は日本で綿密な準備と手配をしてから社員を X 国に出張させ、現地業務を実施した。聞き取り等の結果は日本に持ち帰って分析し、その内容報告と改善点の提案を B 社に対して行った。

　A 社は役務を X 国内で行ったことからこの売上げを不課税と考え、B 社に消費税を請求しなかった。

　しかし税務調査において、これは国内取引に該当し、課税売上げの計上漏れであるとの指摘を受けた。

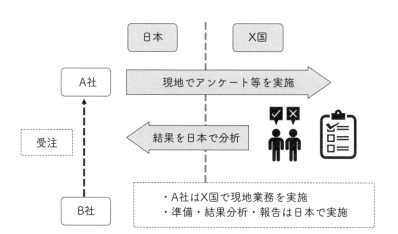

（1）一般的には役務提供地がすなわち消費地

　国外で役務を提供する場合は、①その提供場所の内外判定と、②それ

が国内取引となった場合に輸出免税（輸出類似取引）に該当するか、という2つの観点から検討が必要です。

役務の内外判定の原則は、「役務提供が行われた場所（国）」です。サービスは提供された瞬間に消費されるという一般的な特徴を持っており、「役務提供地イコール消費地」です。国外で提供されれば、それがどこの国の誰に頼まれたのか、また誰に対する提供なのかを問わず、国外取引として消費税の対象外（不課税）になるのが基本です。

これに対して、役務の提供地が国内なら課税取引なのですが、それが輸出類似取引に該当すれば、輸出免税が適用されます。輸出類似取引とは、役務が非居住者（消費税法上の定義による）に対して提供される取引ですが、ここにも例外がありますので注意が必要です（**事例15**参照）。

役務提供の相手の違いによる不課税と輸出免税の違い

	役務提供の場所	提供相手	課税関係
1	国外	非居住者	不課税
2		居住者	
3	国内 （原則課税）	非居住者	輸出免税
4			例外的な課税
5		居住者	課税

（2）役務が提供されるのは現場だけではない

事例の取引ですが、A社とB社はどちらも日本法人ですので、一見、国内取引のような気もします。しかし、A社がB社に提供すべき役務の一部（X国内でのサンプル配りや感想聴取）は国外で実施されますので、内外判定の原則に基づけば、役務提供地が国外で不課税となりそうです。ところが税務調査では、不課税取引ではない（国内取引である）と指摘されました。どうしてでしょうか？

役務提供の場所が1か所だけならそこで内外判定すればいいのです

が、提供すべき役務が国内・国外の両方にわたって行われた場合や、提供された場所が明らかでない場合などには、原則とは別の個別規定があります。それは、「役務の提供を行う者の役務の提供に係る事務所等の所在地」という基準です（消令6②六）。

　事例では、A社がB社に提供する役務のうち、サンプル配りと感想聴取の「現場」は、確かに国外です。しかし、事前の計画、準備、手配、事後の結果分析や報告事務は日本で行われました。すなわち、A社はB社から受注した一つの役務を、業務のパーツに応じて日本とX国の両国にわたって行い、提供したわけです。このような場合には、原則とは別の個別規定によって、「A社が役務の提供を管理する事務所等の所在地」が役務提供地と判定されます。そして、この役務全体を管理する場所が日本のA社内だったため、調査官はこの役務提供全体が国内取引に該当すると判断し、課税取引になると指摘したわけです。

　なお、この事例での取引相手であるB社は非居住者ではないので、輸出免税の適用はありません。

（3）国内・国外の対価が区分されていれば少し助かった

　この「事務所等の所在地」を役務提供の場所とする基準は、割り切り基準です。役務の提供地が明らかではない場合や、複数の提供地が明らかであっても対価が内外に合理的に区分されていない場合に適用されます（消基通5-7-15）。

　これを言い換えれば、国内・国外にわたる役務提供でも、それを構成する個々の役務の提供場所が特定できて、個々の役務に相応する対価が契約等で決められており、国内と国外に合理的に区分できるのであれば、それに基づいた課税になるということです。

　もし、事例の役務のパーツごとの役務提供場所と対価が契約等で合理的に区分できていれば、国外（現場）で提供されるサンプル配りやアンケートなどの役務の対価は国外取引として不課税になり、事前の準備や

事後の分析・検討・報告など国内で提供された役務の対価だけは課税、という指摘になったと考えられます。

　国境をまたぐ役務提供は、立ち止まって検討する必要性が高い要注意取引です。税務調査では、実際の取引状況の事実認定によって課税が大きく変わる可能性もありますので、取引相手、内容、会社の判断などをしっかり記録し、保管しておくことが大事です。

● **他税目の視点**

➤ A社は役務提供の一部を実際にX国内で行っています。そして、A社やその社員は、X国から見れば外国法人や非居住者ですので、X国税法の内容によっては、A社やその社員がX国内で行った役務提供から生じる収入が、X国の国内源泉所得に該当する可能性があります。そうすると、A社は「X国で行う人的役務の提供事業」について、X国の国内法上の申告納税義務や、源泉徴収される可能性が生じてきます。

➤ さらに、A社の社員の給与についても「X国内で行われた人的役務の対価」としてX国の国内源泉所得に該当し、課税対象になる可能性があります。給与が日本で支払われていればX国では源泉徴収できませんが、その代わりに社員個人の申告納税が求められるかもしれません。
非居住者にとっては厳しい制度ですが、もし取引の国が事例と逆で、X国法人の社員が日本に来て同様の役務提供をした場合には、日本の国内法ではそのような課税関係が生じます（所法161①十二ニイ、172①、212①、法法138①四）。

➤ しかし、日本とX国に租税条約がある場合には、A社の人的役務提供事業は事業所得に該当しますので、A社がX国に恒

久的施設（PE）を有していない限り、A社に対する課税は行われません。租税条約がX国の国内法に優先するのです。

➤ また、A社の社員の給与については、X国の滞在が年間におおむね183日以内であれば、やはり租税条約に規定される「短期滞在者免税」に該当して、課税は行われません。

なお、短期滞在者免税における滞在日数の計算方法は租税条約ごとに異なりますので、個別の条約の内容をよく確認する必要があります。

事例 **4** ◦ 知的財産の消費税と源泉所得税

　株式会社Ａ社は、韓国法人Ｂ社に対し、Ａ社が国内で使用するソフトウエアのシステム設計から納品までを一括発注した。Ａ社は、ソフトウエアにはそれを開発したＢ社の著作権が発生すると考え、著作権をＡ社に譲渡する契約とした。

　Ｂ社は韓国内で制作して完成したシステム一式を、インターネットを介してＡ社のサーバに格納して納品した。

　Ａ社は、ソフトウエアを日本国内で使用（消費）することから、その対価は源泉徴収と消費税の両方の対象になると考えた。そこで国内法と日韓租税条約を検討し、10％の源泉徴収を行うとともに仕入税額控除の対象とした。Ｂ社からはインボイスの交付がなかったが、80％控除の経過措置の期間中だったので、それを適用した。

　しかし、Ａ社は税務調査において、「源泉徴収は適切ですが、対価は仕入税額控除の対象になりません」と指摘された。

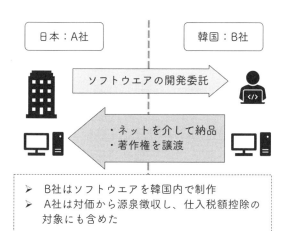

　事例のA社は、この取引で消費税（仕入税額控除の可否）と源泉所得税（源泉徴収の要否）を意識しました。

　もう一歩踏み込めば、「インターネットを介してソフトウエアの提供を受けたのだから、電気通信利用役務の提供に該当して、A社はリバース・チャージで消費税を納税する必要があるのではないか？」という疑問まで浮かぶかもしれません。

　知的財産権（以下「知財」という）は、考えどころの多い項目です。

（1）自動的取得の著作権は提供者の住所地だけで判定

　ソフトウエアは、プログラムの著作物として著作権法上の著作物に該当します（著作権法10①九）。著作権は、著作物を創作したB社が自動的に取得するものです（著作権法2①二、15②、17）。

　そのような自動的に取得される知的財産権の内外判定は、「著作権等の譲渡又は貸付けを行う者（B社）の住所地」で行います（消令6①七）。そうすると、B社の住所地は韓国ですから国外取引となり、課税の対象外（不課税）ですので、A社はB社への支払いに消費税を上乗せする必要はありません。対価は仕入税額控除の対象になりませんので、インボイスがない場合の経過措置も適用できません。調査官は、この点を指摘しています。

（2）制作の請負は電気通信利用役務の提供ではない

　電気通信利用役務の提供に係る税法の定義には、「資産の譲渡等のうち、電気通信回線を介して行われる著作物……の提供……」とあります（消法2①八の三）。事例の取引は一見、これに該当するようにも見えます。しかし、定義は後半で、「……他の資産の譲渡等に付随して行われる役務の提供以外のものをいう」とも書いています。この規定によって、事例の取引は電気通信利用役務の提供には該当しません。

　事例の取引は、出来合いの商品としての電子著作物（電子書籍やスマ

ホアプリ、ゲームなど）をインターネット上で購入するのとは異なり、ソフトウエアという著作物の新たな制作を依頼したものです。インターネットは完成品の受渡し手段として使われはしましたが、それは著作物の制作請負という「他の資産の譲渡等」を遂行するために、それに付随して利用されたものにすぎません。したがって、電気通信利用役務の提供には該当しないことになります（国税庁消費税室「国境を越えた役務の提供に係る消費税の課税に関するＱ＆Ａ（平成28年12月改訂）」問2-1、消基通5-8-3（注2））。

　なお、もし取引がソフトウエア制作の依頼ではなく、既製品のソフトウエアをネット上で購入するものだったら、電気通信利用役務の提供に該当するでしょう。そして、それがさらに「事業者向け電気通信利用役務の提供」に該当すればリバース・チャージ方式の対象になり、納税義務者がＢ社からＡ社に転換されます。しかし、その場合でもＡ社の課税売上割合が95％以上であれば、当分の間、特定課税仕入れはなかったことになります（**事例20**参照）。

　一方で、それが消費者が申し込んでも購入できる一般的な商品であれば、「消費者向け電気通信利用役務の提供」に該当します。この場合は、Ｂ社が適格請求書発行事業者であってインボイスが交付されれば、仕入税額控除の対象になりますが、インボイスが交付されない場合には、80％・50％の経過措置は適用できません（平成30年改正消令附則24）。

（3）知財関係の源泉徴収は必ず租税条約を見ること

　最後に源泉徴収です。国内法では、工業所有権や著作権を国内で使用するための対価としての使用料又は譲渡の対価は、国内源泉所得に該当します（所法161①十一）。したがって、その対価を非居住者や外国法人に支払う場合には源泉徴収しなければならず、税率は20.42％です（所法5④、178、179一、212①、213①一）。知財に係る支払いは、国内法では必ず源泉徴収の対象になりますので注意してください。

　しかしこの源泉徴収は、ほぼ必ず租税条約によって軽減されます。事例の日韓租税条約では、著作権の使用料（日韓租税条約12③）又は譲渡（日韓租税条約12⑤）の収入に対しては、支払者の国（日本）でも課税できますが、租税の額は収入額の10％を超えないものとされています（日韓租税条約12②④）。国内法が租税条約によって上書きされるために、源泉徴収税率20.42％は10％に下方修正されます。

　なお、租税条約が異なれば、国内法の修正内容も異なります。次の表のように、条約による修正がない場合、源泉徴収税率が10％に軽減される場合、そして源泉徴収が不要（B社の日本への納税が免除）になる場合などのパターンがあって結果が大きく異なりますので、個別の租税条約の確認が必須です。

非居住者に支払う著作権の譲渡対価の源泉徴収

国内法の規定	源泉徴収 20.42 ％		
条約による修正（取引先国）	条約による軽減等	条約上の所得区分	条約上の取扱い
中国	源泉徴収 20.42 ％（国内法どおり）	譲渡所得	日本でも課税可 限度（軽減）税率なし
ベトナム・韓国	源泉徴収 10 ％	使用料	日本でも課税可 限度（軽減）税率適用
インド・米・英・OECD モデル条約	源泉徴収不要（日本の課税なし）	譲渡所得	譲渡者の居住地国のみで課税可

他税目の視点

➤　知財は多くの税目で問題になりやすい取引ですが、消費税では内外判定や取引相手が非居住者かどうかを押さえれば、それほど複雑ではありません。

➤　しかし源泉徴収においては、国内法から相手国との租税条約まで、慎重な検討が必要になります。特に租税条約は、相手国によって国内法どおりの税率（20.42 ％）から源泉徴収不要まで、課税が大きく変わります。

➤　租税条約による課税の減免を受けるためには、まずＢ社が「租税条約に関する届出書」を作成し、それを支払者であるＡ社を経由して、Ａ社の所轄税務署に提出する必要があります。したがって、条約を適用する場合には取引相手との認識を事前に一致させておくことが重要です。

➤　知的財産権の使用料等は、利益の発生場所を付け替えやすい「足の速い所得」といわれるものの１つです。タックス・ヘイブン対策税制や移転価格税制においても、無形資産の存在やその所有者、譲渡対価や使用料の算定方法などが大きな問題になることがありますので、支配・被支配関係のある子会社等との取引においては特に注意が必要です。

事例 5 ● 人的役務提供の消費税と源泉所得税

　株式会社Ｘ社（適格請求書発行事業者）は令和６年に、事業の海外展開のためにＱ国（日本と租税条約あり）法人のコンサルタント会社Ｙ社（日本に拠点なし）から専門家を日本に呼んで会議に出席してもらい、Ｑ国の市場動向や法規制等の説明と質疑応答（３日間）を実施した。

　Ｘ社は、Ｙ社からインボイスの交付がなかったために経過措置を使い、支払対価に 7.8/110 を乗じた金額の 80 ％を仕入税額控除の対象とした。また、源泉徴収はしなかった。【以下「Ａ案件」】

　その後、Ｘ社は再びＹ社の専門家を必要としたが、来日しての打合せに代えて、Web を使ったリモート会議（３日間）を行った。Ｙ社の専門家はＱ国からリモート会議に参加して、報告、説明、質疑応答等を行った。対価は前回と同様に 80 ％仕入税額控除の対象とし、源泉徴収はしなかった。【以下「Ｂ案件」】

　その後、Ｘ社の税務調査があり、「Ｂ案件の対価は仕入税額控除の対象になりません」という指摘があった。

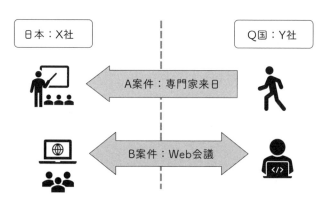

（1）国内の課税仕入れしか仕入税額控除できない

　コンサルタントの業務は、税法の言葉で「人的役務の提供」です。Y社は、人的役務の提供事業をX社に対して行いました。A案件とB案件の違いは、コンサルタントが日本の会議に来たか、Q国からリモートで会議に参加したかです。この違いが調査官の指摘に結び付いています。以下、内容を消費税、源泉徴収の順に見ていきます。

　まず消費税です。役務提供に係る内外判定の原則は、提供場所が国内かどうかです（消法4③二）。役務提供が国内と国外で連続して行われるものや、役務提供が行われた場所が明らかでないものは、その役務提供に係る事務所等の所在地で判定します（消令6②六）。

　そうすると、A案件は役務提供地が国内で、X社は国内取引の課税仕入れを行ったことになりますから、Y社からインボイスの交付があることを前提に仕入税額控除をすることができます。この場合、Y社は外国法人であっても、消費税の申告納税義務が生じます。支払側で仕入税額控除をすることと、受領側で課税売上げを申告することは取引の裏表で、常にセットになるべきものです。

（2）国外取引では経過措置は適用できない

　しかし、Y社はインボイスを交付しませんでした。免税事業者ということでしょう。X社は、適格請求書発行事業者以外の者から行った課税仕入れに係る税額控除の経過措置（平成28年改正消法附則52、53）を使って80％の仕入税額控除を行いました。

　国内で役務提供があったA案件はこれで良いのですが、B案件の役務はWebを通じて行われ、役務は国外において提供されています。X社の課税仕入れにはなりますが国内で行われていないので、仕入税額控除の対象になりません。ということは、経過措置も使えません。調査官の指摘はこの部分です。

　また、仮にA案件の遂行上、国内と国外の両方で会議が行われたな

ど、役務提供のあった国が1つに絞り込めない場合は、「その役務提供に係る事務所等の所在地」で判定します（消令6②六）。その場合は、Y社の役務提供に係る事務所が日本国内でなければ国外取引なりますので、X社はA案件でも仕入税額控除ができないことになります。

　ただし、国内と国外の双方で行われる役務の対価が契約等で合理的に区分されている場合には、それによります（消基通5-7-15、**事例6**参照）。

（3）源泉徴収不要の理由はA案件とB案件で違う

　次に、典型的な国際課税問題である源泉徴収の要否です。調査官の指摘はなく、結論としてはいずれの案件も源泉徴収は不要でした。

　しかし、その根拠はA案件とB案件で異なります。A案件は「国内法では源泉徴収が必要だが租税条約で免除になるから」、B案件は「もともと国内法で源泉徴収不要だから」です。

（4）国内法の検討

　Y社が、所得税法施行令第282条又は法人税法施行令第179条（どちらも全く同じ内容）に定める人的役務の提供事業を国内で行う場合には、その対価が所得税と法人税の両方で国内源泉所得に該当し（所法161①六、法令138①四）、日本で課税になります。経営コンサルタントの業務は、これに該当します（所令282三、法令179三）。所得税法ではX社は支払いの際に20.42％の所得税の源泉徴収が必要になり（所法212①）、さらに法人税法ではY社はこの収入を日本で法人税申告する必要が生じます（法法138①四、法令179三）。源泉徴収された所得税額は法人税の確定申告で精算されます。

　A案件ではコンサルタントが来日し、役務が国内で提供されていますからこれに該当し、X社の源泉徴収とY社の申告納税が必要になります。

　しかしB案件ではコンサルタントは来日せず、役務は国内で提供さ

れていません。したがって、Y社の収入は所得税でも法人税でも国内源泉所得に該当しませんので日本の課税を受けることはなく、X社による源泉徴収もY社自身による法人税申告も不要です。

（5）日・Q国の租税条約の検討

　消費税には租税条約はありませんので、国内法だけで判断すればいいのですが、所得課税には租税条約があって、内容によっては国内法の課税が修正されるので厄介です。

　日本が結んだすべての租税条約には、「非居住者や外国法人の事業所得は、それらが日本に恒久的施設（PE）を持っていない限り日本では課税されない（PEなければ課税なし）」という原則が定められています（規定の例としてOECDモデル租税条約第7条）。租税条約の相手国Q国の法人であるY社は日本にPEを有していないので、X社から受領する事業所得は日本では所得税も法人税も課税されません。A案件では、国内法によるX社の源泉徴収も、Y社の申告納税も不要ということです。

　これに対してB案件は、国内法の段階でY社の課税がありません。そして租税条約は、もともと国内法で課税対象にならないものには新たな課税をしませんので、租税条約を確かめるまでもなく、源泉徴収も法人税申告も不要です。

（6）所得税も消費税も国内か国外かが課税を分ける

　所得税の課税対象は「所得」、消費税は「取引」と税金の性格は随分異なりますが、人的役務の提供事業ではどちらも、「役務提供が国内で行われたか否か」が課税か否かを分ける重要な基準になっています。事例の支払いに係る課税関係をまとめると、次の表のようになります。

	A案件	B案件
役務提供場所	国内	国外
消費税の仕入税額控除	課税取引であり、国内で行う課税仕入れになるが、インボイスがないため仕入税額控除不可、ただし80％の経過措置の適用あり	不課税取引であり、国内で行う課税仕入れではないので仕入税額控除不可

源泉徴収等	国内法	Y社の国内源泉所得に該当し、X社の源泉徴収とY社の申告納税が必要	Y社の国内源泉所得に該当せず、課税にならないため源泉徴収も申告納税も不要
	租税条約（国内法に優先）	Y社は日本にPEがないので事業所得は日本で課税されず、源泉徴収も申告納税も不要	国内法の課税がないので、条約を確認するまでもなく源泉徴収も申告納税も不要

事例 6 ◦ 派遣社員が海外で働いたら

　A株式会社は、国内の派遣会社B社から、専門分野の知識と経験のあるC氏の派遣を受けている。派遣料金は月ごとに請求されている。

　C氏の勤務場所は国内であるが、A社は業務の必要からX年4月中に3週間、C氏を自社のR国にある海外子会社に出張させた。B社との人材派遣契約では、派遣社員の海外出張に関する取決めはされておらず、海外出張旅費はA社の社内規程に則ってA社が支払った。

　B社からはX年4月分の派遣料金に係る適格請求書が送られてきたが、A社の経理担当者は、C氏が海外で働いた期間は不課税取引に該当するのではないかと考えている。

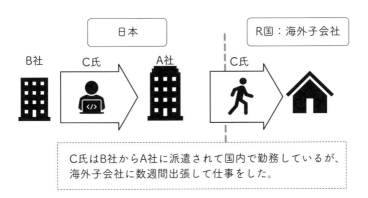

C氏はB社からA社に派遣されて国内で勤務しているが、海外子会社に数週間出張して仕事をした。

（1）人材派遣は課税取引

　契約に基づいてA社に派遣されているC氏はB社の社員ですから、A社との間に雇用関係はありません。C氏のする仕事はB社からA社

への役務提供になりますので、B社が受領する対価は課税売上げ、A社の支払いは課税仕入れです（消基通5-5-11）。

　契約では海外での役務提供に係る取決めがありません。消費税法の原則で考えれば、C氏の国内勤務は国内での役務提供ですから、国内における課税仕入れとして、A社の仕入税額控除の対象になります。しかし、B社のA社に対する役務提供の場所が国外であれば、B社が国内の事業者であっても内外判定で課税対象外（不課税）取引となりますので、仕入税額控除はできません。A社担当者の懸念は、この部分でしょう。

（2）事前の合理的な取決めがあればそれに基づく

　事例の状況は、一定期間にわたる人材派遣という一連の役務提供が、国内と国外の間で連続して行われるものと考えられます。その場合の判定は、役務提供を行う者のその役務提供に係る事務所等の所在地で行います（消令6②六、消基通5-7-15）。役務提供場所が明らかでない場合の割り切り基準です。

　そうすると、A社に対する役務提供に係るB社の事務所は国内ですから、B社の役務提供の場所は国内と判定されます。

　一方、もし契約等で国内と国外の両方での勤務が想定されており、B社が請求する対価が両者に合理的に区分されていれば、その区分に基づいて国内（課税）取引と国外（不課税）取引を認識できます（**第2章Ⅰ4（2）**参照）。例えば、「国外勤務の日数」や「1日あたり単価」の計算等により国外勤務に対応する対価が明確に区分された形での契約や請求があれば、対価の額が合理的に区分されていると考えられますので、不課税取引の部分が生じることになります。

　また、請求の単位である1か月のすべてが国外での役務提供になる場合には、その請求については不課税になると考えます。海外勤務の可能性のある派遣社員については、派遣元との事前の調整が大事でしょう。

他税目の視点

➢ 人材派遣費はいわば外注費や業務委託費ですから、人件費に関する税務とは区別する必要があります。しかし、例えば専門性を有する個人に対して直接業務を委託するような場合は、委託の条件（代替性、指揮監督、業務結果への責任等）によっては給与として源泉徴収が必要になる場合もあり得ます。給与は課税仕入れではなく、仕入税額控除もできないので注意が必要です（消法2①十二、消基通1-1-1）。

➢ C氏はB社から日本で給料をもらっていますが、R国内で3週間働きました。R国の税制にもよりますが、C氏の給料の3週間分は、R国でも課税の対象になる可能性があります（日本なら国内法で課税になります）。

しかし、日本とR国が租税条約を結んでいれば、「短期滞在者免税」の規定によって、課税はされません（事例3「他税目の視点」参照）。

➢ もし、C氏の出張業務がA社から海外子会社に対する「企業グループ内役務提供（IGS）」に該当すれば、A社が海外子会社から相応の対価を収受していない場合には、移転価格税制又は寄附金の損金不算入による否認のリスクがあります（事例25参照）。

IGSの場合は、A社は少なくとも、海外出張に係るC氏の人材派遣費や出張旅費等の直接原価に間接原価も加えた、「総原価」に相当する対価を収受する必要があります。IGSに係る簡易な移転価格調査は、通常の法人税調査の中で行われることがありますので要注意です。

事例 **7** ● 収益認識の時期と輸出免税

　株式会社Ａ社は、Ｘ国のＢ社に海路で商品を輸出している。Ａ社は収益認識に検収基準を採用しており、国内の得意先の他、Ｂ社の売上げも検収の通知を受けて収益計上している。商品の発送からＢ社の検収までは、船積み後１か月以上かかることが多い。Ａ社は、Ｂ社に対する売上げを輸出免税としている。

　ある時、Ａ社の経理担当者は「検収基準ということは、商品は国外で譲渡されたことになるから、輸出免税ではなく不課税ではないか？」という疑問を感じた。両者では課税売上割合が異なってくるが、Ａ社は自社名で輸出許可を受けているので輸出免税で問題ないようにも思われて、結論が出ない。

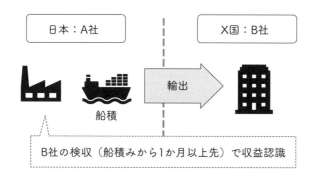

日本：Ａ社 ／ Ｘ国：Ｂ社

輸出

船積

Ｂ社の検収（船積みから１か月以上先）で収益認識

（1）資産の譲渡等の時期は引渡し基準

　消費税で資産の譲渡等を認識する時期は、税法に明文規定はありませんが、棚卸資産については「その引渡しのあった日」とされ（消基通9-1-1）、引渡しの日とは「当該棚卸資産の種類及び性質、その販売に係る契約の内容等に応じてその引渡しの日として合理的であると認められ

る日のうち、事業者が継続して棚卸資産の譲渡を行ったこととしている日」（消基通9-1-2）とされています。その例として、基本通達では出荷基準や検収基準等が示されています。

　これは法人税法上の収益認識（法法22の2①、法基通2-1-2）と軌を一にしています。

　また、請負契約については、物の引渡しを要する場合は目的物の全部を完成して引き渡した日、引渡しを要しない場合は約した役務の全部を提供した日になります（消基通9-1-5）。

（2）硬く考えると輸出免税の適用はない？

　A社は、資産の譲渡の時期を検収基準で判定しています。国内なら何も問題はありませんが、X国B社の検収をもって引渡しと考えれば、その時には資産がX国に所在していますので、A社担当者が考えたとおり、内外判定で国外取引（不課税）になります（消法4③一）。

　一方、輸出免税は、まず課税取引となる国内取引が発生して、その引渡しの手段が輸出である場合に消費税を免除する規定です。輸出とは関税法の輸出（関税法2①二）のことですから、輸出手続きの前に課税取引が発生していなければ、免除すべき課税も存在しません。

　したがって、国外での検収を譲渡（消費税法上の引渡し）の日とするのであれば、その取引は輸出免税対象外と考えられます。輸出免税の要件は、国内（課税）取引であって、かつ資産の譲渡等が関税法に定める輸出として行われることですから、遅くとも輸出許可を得て船積みをする時までには事業者が譲渡を認識して、免除すべき課税が発生している必要があります。

（3）資産の海外への移送と仕入税額控除の計算

　不課税でも輸出免税でも課税は生じませんが、課税売上割合の計算が違ってきますので、仕入税額控除の額が変わってきます。

　不課税の場合は、取引の対価の額は課税売上割合の分母にも分子にも算入されません。これに対し、輸出免税であれば対価の額は分母にも分子にも算入されます。したがって、輸出免税の方が、常に課税売上割合が高くなります。

　しかしながら、A社が検収基準を採っているためにB社売上げが不課税になったとしても、経理担当者が考えたとおり、A社が自分の名前で輸出したのは確かです。するとこれは、「国外における資産の譲渡等のために資産を輸出した場合」に該当すると考えられます（消法31②、**事例10**参照）。その場合には、仕入控除税額（課税売上割合）の計算上、この海外移送は「課税資産の譲渡等に係る輸出取引等」とみなされ、海外移送に係る対価が課税売上割合の分母と分子の両方に算入されることになります。

　この場合に分母・分子に算入する金額は、その資産が対価を得て輸出されるものとした場合の関税法施行令第59条の2第2項の「日本の輸出港における本船甲板渡し価格（FOB価格）」です（消令51④）。

（4）結局、ほとんど違いはない

　仕入税額控除（課税売上割合の計算）の観点からは、不課税取引の対価は計算に関係しませんが、輸出免税の対価は分母・分子両方に算入できて、割合が高まります。そして、国外で販売するための国外移送として輸出した場合でも、特例的に輸出申告上のFOB価格が分母・分子両方に算入できます。

　したがって、もしB社への売上価格とFOB価格が同じだとすれば、A社の消費税の納税額は、結果的に変わらないことになるでしょう。

　輸出するということは、その資産が日本国内では消費されないということです。そこに消費税をかけるわけにはいきませんから、国境税調整が行われます。少々理屈っぽい事例と説明でしたが、資産の譲渡等の認識タイミングが少々異なっても、国境税調整はきちんと行われるという

事例です。

他税目の視点

➤ 法人税法でも、売上計上時期の判定は問題になりやすいところです。「取引内容に応じた合理的な引渡し日」とされますが、現実的には、貿易条件による費用とリスク負担が相手に移転する日（FOB条件等なら船積み日）が大きな候補になります（第3章Ⅵ参照）。

➤ 法人税基本通達2-1-2には、引渡し日の例示として「船積みをした日」が示されています。これは、平成30年の収益認識に関する会計基準（企業会計基準第29号）の改正を受けた法人税法第22条の2の新設等の際に、新しく加えられたものです。
国税庁は、収益認識に関する法人税法の考え方は従来とは変わらず、改正前の公正処理基準（及びこれを補完する通達や判例）に基づく取扱いを明確化したものだと説明しています（国税庁『「収益認識に関する会計基準」への対応について～法人税関係～（平成30年5月）』）。

➤ 法人税法でも消費税法でも、各種の認識基準は継続的に用いることが必要になっています。消費税法基本通達には船積み基準は例示されていませんが、輸出免税の適用との関係からも、A社の収益認識基準は、海外取引に関しては船積み基準を用いることが、最も堅実で無難な方法になるのではないかと思われます。

輸入消費税

事例 **8** ● 輸入許可書が自分名義でないと仕入税額控除できない

　　株式会社Ａ社は、Ｘ国Ｂ社から商品を輸入して国内で販売している。輸入手続きは代行専門会社Ｃ社に委託しており、Ｃ社は自社を輸入者として税関に輸入申告し、輸入許可書もＣ社名で交付されている。Ｃ社の請求書には、代行手数料の他にＣ社が納付した輸入消費税の実額が含まれており、Ａ社はＣ社にこれを支払い、仕入税額控除の対象としていた。

　　しかし、Ａ社は税務調査で、「輸入消費税相当額は、仕入税額控除の対象となりません」と指摘を受けた。

　　なお、税務署が調べたところ、Ｃ社は自社の消費税申告上、Ａ社への請求の全額を課税売上げとした上で、この輸入消費税額を仕入税額控除の対象としていた。

（1）輸入申告をした者が輸入消費税の納税義務者

　税関での輸入手続きは専門的なので、慣れていなければ通関業者などに委託することも多いと思われます。事例では、本来の輸入者はＡ社なのですが、手続上はＣ社が自分の名前で、輸入に関するすべての実務を行っています。

　輸入消費税では納税義務者も、また輸入消費税を仕入税額控除できる課税事業者も「外国貨物を保税地域から引き取る者」です（消法30①三）。引き取ることができるのは税関に輸入申告をして輸入許可を得た

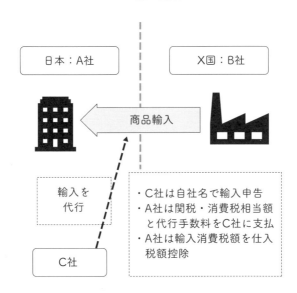

名義人ですので（消法47）、事例ではC社になります。

（2）代行者と許可の名義人

　財務大臣の許可を受けた「通関業者」は、輸出入をする者から依頼を受けて、依頼人本人の名義で通関業務を代理する業者です（通関業法2）。輸出入申告や許可が本人の名前で行われますから、通関業者が輸入消費税を立て替えて納付した場合でも、仕入税額控除を受けられるのは輸出入を行う本人になります。

　一方、通関業者ではない輸出代行業者の多くは、代行業者自身の名前で輸出入申告をし、許可を取得しているようです。事例は、このような場合に該当します。

（3）輸入消費税は形式を重んじる

　C社は単なる名義人ではありますが、輸入申告、納税、輸入許可はすべてC社名で行われています。したがって、A社が輸入消費税の相当

額をC社から請求されて支払っていたとしても、輸入消費税の法的な納税義務者ではありませんので、仕入税額控除はできません。

　これに対してC社は、輸入代行手数料などを課税売上げとして申告する一方、納税義務者として納税した輸入消費税を仕入税額控除することが可能です。もしA社でも仕入税額控除を行ってしまうと、同じ輸入消費税をA・C両社で二重に控除してしまうことになります。この問題は、取引の実態どおりA社を輸入申告者として、C社がその手続きだけを代行する形であれば生じないものでした。

（4）商流が違えば課税も違う

　事例では、例えば「C社が輸入して、それをA社が国内で仕入れる（C社への支払いに普通の消費税を乗せる）」という商流であれば、A社にとっては国内取引になりますから、A社はインボイスの交付を受けることを前提に、仕入税額控除をすることができました。しかし、商流は経営上の重要な問題ですので、簡単に変更できない場合もあるでしょう。面倒な状況が生じる以前に、輸入手続きの名義とその影響等について、事前にしっかり検討することが重要です。

　なお、話は少し違いますが、仮にC社が輸入申告をA社の名前で行っていたとしても、C社がいったん立て替えた輸入消費税の仕入税額控除を、A社が失念することがあるかもしれません。これが普通の仕入れや費用等の一部になってしまうと、法人税額は費用に対応する分だけは少なくなりますが、一方で納付する消費税が過大になります。仕入税額控除の影響額の方が大きいために会社が損してしまいますので、この点も注意が必要です。

（5）「限定申告」という特殊な例

　ここで、輸入を他者の名義で行っても、輸入消費税を仕入税額控除できる特別な場合があります。「限定申告」といい、文字どおり限定され

た特殊な取扱いです。

　関税定率法第9条の2（関税割当制度）に基づいて特定の品目（主に皮革など）の輸入の割当てを受ける場合や、同法第13条（製造用原料品の減税又は免税）、同法第15条（特定用途免税）などを適用して輸入した貨物の関税の減免を受けようとするときには、関税定率法上、その割当てを受けた者や貨物を使用・消費する者（以下「輸入申告者」という）の名で輸入申告をしなければなりません。輸入申告すべき者が特定の者に限定されているということです。

　このとき、その輸入申告者のために商社等（以下「実質輸入者」という）が実際に輸入を行って輸入消費税を納付しても、商社等は輸入申告の名義人ではないので、仕入税額控除が受けられません。

　そこで、限定申告に該当する場合には、次のすべての要件を満たすことで、実質輸入者（商社等）がその課税貨物を保税地域から引き取ったものとして、仕入税額控除を適用できることとなっています（消基通11-1-6）。

① 実質輸入者（商社等）が、輸入申告者が引き取ったものと（形式上）される貨物を、輸入申告後に輸入申告者に有償で譲渡する。
② 実質輸入者が、輸入消費税を負担する。
③ 実質輸入者が、輸入申告者名義の輸入許可書と輸入消費税等の領収証書の原本を保存する。

　なお、これは関税定率法の特殊な規定の適用に合わせた取扱いですので、一般的な輸入を代行業者に依頼する場合とは、前提が全く異なるものです。

他税目の視点

> 法人税では、購入した棚卸資産や減価償却資産の取得価額には引取運賃、荷役費、運送保険料、購入手数料、関税など事業や販売の用に供するために直接要した費用の額を含めることになっています（法令 32 ①、54 ①）。貿易取引では通関費用や保税倉庫の保管料など、資産の取得価額に含めるべき付随的な費用が特に多く発生しますので、注意が必要です。
>
> なお、棚卸資産の場合は、付随費用等の合計額が少額（購入の代価の概ね 3 ％以内）であれば、取得価額に算入しないこともできます（法基通 5-1-1）。

事例 **9** ● 製造設備の輸入と役務提供

　株式会社A社は、X国法人B社から製造用機械を購入すること
になった。貿易条件はCIF東京港でCIF価格は3,000であり、A
社が輸入申告をして引き取ることになる。

　国内工場への設置にあたっては、B社からエンジニアが1週間程
度来日して、据付け、試運転、他の製造機械との動作の調整、操作
方法の指導等を行うことになっている。

　契約の交渉過程では、エンジニアの役務提供の対価を200とし
ていたが、最終的には機械本体の代金に含めて3,000となった。

　A社の経理担当者は、来日するエンジニアは国内で役務を提供す
るので消費税の課税取引に該当すると考えたが、機械の輸入消費税
の課税標準（＝関税の課税標準）が3,000になっていればいいの
か、それともエンジニアの役務提供の対価を切り分けて、国内にお
いて行う課税仕入れとするべきか迷っている。

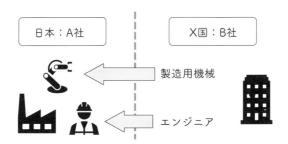

（1）輸入港までのCIF価格

　CIF（運賃保険料込み）条件とは、インコタームズの11の貿易条件
の1つで、「Cost, Insurance and Freight」のことです。

輸出港で船積みするまでの商品の代金に、輸出港から輸入港（事例では東京港）までの保険料（Insurance）と運賃（Freight）を加えたものが、買主（事例ではA社）の支払う代金となります。リスク負担は、輸出港で本船の甲板に貨物が置かれたところで、売主から買主に移転します（**第3章Ⅵ参照**）。

（2）関税と輸入消費税の課税標準

　輸入消費税の課税標準は、国内取引における消費税の課税標準である「取引の対価の額」とは異なります。「関税定率法第4条から第4条の9までの規定に準じて算出した価格」に、関税と消費税以外の個別消費税等（通法2三）を加算したものです（消法28④）。関税定率法のこの部分は、関税の課税価格（課税標準）の算出方法の原則を規定しているのですが、それはインコタームズの貿易条件であるCIF条件（**第3章Ⅵ参照**）と同じ計算になっています。

　A社の取引もCIF条件ですから、エンジニアの役務提供を考慮しなければ、CIF価格の3,000がそのまま関税の課税価格になり、それに関税等を加えたものが輸入消費税の課税標準になります。

　関税の課税価格（申告価格）は輸入申告書の記載事項ですが、これは輸入申告の際に提出する「仕入書」（関税法の用語ですが、貿易実務で「インボイス」、「送り状」等と呼ばれる）の内容に基づいて記載されます。仕入書は輸入貨物の明細書で、納品書・請求書でもある重要な書類です。貨物の品名、数量、価格等が記載されるもので（関基通68-1-1）、輸入申告の審査で提出が求められることもあります（関税法68）。

（3）対価が区分されているかどうかで異なる

　上記のとおり、消費税法は輸入消費税の課税標準を、関税定率法の課税価格計算に準じて算定せよと規定しています。そこで、事例の問題も関税定率法で考えることになるのですが、関税定率法第4条第1項は、

関税の課税標準となる課税価格を、「買手から売手に対して現実に支払われた又は支払われるべき価格」としています。そして、この「現実支払価格」には、「貨物の輸入申告以後に行われる、その貨物に係る据付け、組立て、整備又は技術指導に要する役務の費用」は含まれないとされています。ただし、それは費用の金額が明らかにできる場合に限られています（関税定率法施行令1の4一）。

　これ以外に、同様の取扱いとなる費用として、貨物の輸入港到着後の運賃や保険料等、輸入取引が延払条件付である場合の延払金利などが挙げられています（関税定率法施行令1の4二〜四）。

　したがって、もし仕入書に「機械代金」とだけしか記載されなければ、エンジニアの役務提供の対価は明らかではありませんので、それを含んだ全体の3,000が関税の課税標準になり、輸入消費税の課税標準もこれを基礎にすることになります。

　これに対して、もし仕入書の中で機械本体の対価2,800と役務提供の対価200が明確に分けて記載されていれば、役務提供の対価200は関税と輸入消費税の課税標準には含まれません。仕入書にどのように記載されているかで、関税と輸入消費税の課税標準が異なるということで、その結果、関税が少なくなる可能性があります。

　その場合には、A社が支払う役務提供の対価200は国内で行った課税仕入れに該当しますから、それに係る消費税額は、輸入消費税ではなく国内取引に係る消費税として、仕入税額控除の対象になります。B社から適格請求書の交付がない場合は原則として仕入税額控除はできませんが、適格請求書発行事業者以外の者からの課税仕入れの経過措置（80％・50％）が適用できます。

他税目の視点

> 法人税法では、購入した減価償却資産や棚卸資産の取得価額には、引取運賃、荷役費、運送保険料、購入手数料、関税など、事業や販売の用に供するために直接要した費用の額を含めることになっています（法令 32 ①、54 ①）。これらの費用は、貿易取引では特に多く発生します。
> 事例のような技術者費用も、機械を事業の用に供するために直接要した付随的な費用と考えられます。そうすると、A 社が機械代金と役務提供に係る支払いを区分して消費税を計算したとしても、法人税法上は機械の取得価額を構成することになるでしょう。

> 所得課税に係る国際課税の観点からは、エンジニアの国内での人的役務提供は、所得税法と法人税法上、「外国法人 B 社による人的役務の提供事業の対価」として国内源泉所得に該当します（所法 161 ①六、法法 138 ①四）。
> したがって、A 社が機械代金とは別に役務提供の対価を支払う場合には、A 社は源泉徴収（20.42 ％）をする必要があり、B 社はその対価について法人税の申告をする必要が生じます。

> しかし、日本と X 国に租税条約がある場合は、B 社の事業所得は B 社の恒久的施設（PE）が日本にない限り日本に課税権がありませんので、A 社の源泉徴収も B 社の申告納税も不要になります。

> さらに、所得税法と法人税法には、「機械設備の販売など、主たる業務に付随して行われる人的役務の提供は、人的役務の提供事業から除く」という規定があります（所令 282 三、所

基通 161-25、法令 179 三、法基通 20-2-12）。

事例のエンジニアの役務提供はこの要件に当てはまりそうですので、A 社が役務提供の対価を別途支払ったとしても、それはこの規定によって人的役務の提供事業の対価（＝国内源泉所得）ではなくなるため、租税条約によらなくとも、国内法の段階で A 社の源泉徴収と B 社の申告納税の必要はなくなると考えられます。

事例 10 ● 加工貿易に見る輸入消費税と輸出免税

　株式会社Ａ社は、Ｘ国のＢ社（消費税法上の非居住者で、日本に事務所等はない）から材料の無償支給を受け（輸入）、それを国内工場で加工して半製品を製造し、Ｂ社に納品している（輸出）。

　輸入と輸出の申告はＡ社名義で行うが、材料から半製品までの所有権はＢ社が一貫して保有し、Ａ社は加工料（加工数量×単価）を受領する契約になっている。

　Ａ社は消費税の申告に当たり、材料輸入の際に納付する輸入消費税を仕入税額控除の対象にするとともに、Ｂ社へ請求する加工料を輸出免税としている。

　あるときＡ社は、Ｂ社側の事情から、「一定数の加工済みの半製品をＢ社に戻さず、しばらく日本で保管してほしい」という、契約外の業務を新たに依頼された。そこでＡ社は、このために外部に倉庫を借りて半製品の保管と管理を行った。Ａ社は倉庫代110（税込）を支払って100を費用とし、仮払消費税等10を仕入税額控除の対象とする一方、Ｂ社と協議の上で保管料100を請求し、収益計上して輸出免税の対象とした。

　しかし、Ａ社の税務調査において、「Ｂ社に請求した保管料収入100は輸出免税ではなく、課税売上げになります」と指摘された。

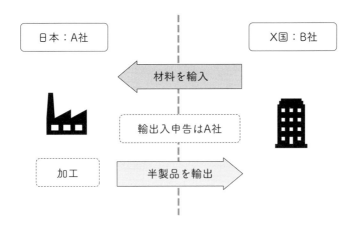

（1）加工貿易＝輸入＋輸出

　事例の加工貿易は、取引の実態は売買ではなく、B社が所有する材料をA社が預かって加工し、B社に返すというものです。A社は、加工という役務を非居住者であるB社に提供し、加工料という対価を受領しています。半製品の譲渡対価ではありません。

　加工貿易には輸入消費税と輸出免税という、主要4制度のうちの2つが含まれていますので、それぞれの概要を順に見ていきながら、調査官の指摘事項を検討します。

（2）輸入消費税は貨物そのものにかかる

　国内取引の消費税の課税対象は資産の譲渡等という「行為」ですが、輸入消費税の課税対象は、保税地域から引き取られる外国貨物という「資産」です。

　外国貨物はまず保税地域に搬入され、これを引き取るためには税関に輸入申告をして関税・消費税を納税し、輸入許可書を得なければなりません。貨物を引き取る者（輸入許可書の名義人）は、課税事業者に限らず誰でも納税義務者になります（消法5②）。

　課税標準は、貨物の関税の課税価格（輸入申告書に記載する価格＝

CIF 価格）に関税等を加えたものです。実際の対価ではなく税関に申告する価格ですので、国内取引と違ってタダでもらったものでも、預かっただけのものでも関税定率法に基づいて課税標準が算出され、課税は生じます。

　事例では、A 社は材料の譲渡を受けたわけではなく、加工のために預かっただけです。譲渡ではないので、国内取引の消費税の観点からは不課税取引ですが、それでも貨物の引取りには輸入消費税の申告納税が必要になります。納税義務者は輸入消費税を仕入税額控除できますので（消法 30 ①）、A 社の経理は適切に行われています。

（3）非居住者に対する役務提供は輸出免税になる

　次は輸出免税です。A 社は輸出申告をしていますが、半製品を B 社に譲渡しているわけではなく、加工という役務を提供をしていますので、輸出免税も資産の譲渡ではなく役務提供で判定します。役務提供が輸出類似取引に該当して輸出免税になる基準は、「役務提供の相手が消費税法上の非居住者であること」です（消令 17 ②七）。

　事例では、A 社が行う加工という役務は国内の工場で提供されますので、国内取引です。そして、役務の提供相手 B 社は消費税法上の非居住者ですので輸出免税に該当します。ここでも、A 社の経理は適切です。

　しかし、非居住者に対する役務提供であっても、輸出免税に該当しないいくつかの例外があります。これに該当してしまったのが、調査官の指摘の部分です。

（4）加工は輸出免税でも資産の国内保管は違う

　役務提供の輸出免税の例外は大きく 2 点あり、①非居住者が日本に支店や出張所等の事務所を持っている場合と、②役務提供の便益が国内で直接享受されて終わる場合です（**事例 15 参照**）。

①では、日本の事務所等が消費税法上の居住者に該当するため、居住者を経由して役務が提供されたものとして、輸出免税が適用されません（消基通7-2-17）。なお、この取扱いにはさらに例外があって、支店等ではなく国外の本店等との直接取引であることが明らかであり、かつ、国内の支店等の業務と同種、あるいは関連する業務でなければ、輸出免税が適用されます。

また、②は役務提供の便益が国境を越えずにすべて国内で享受（消費）されるものは輸出とはとらえないという趣旨で（消令17②七イ、ロ、ハ）、次のような規定になっています。表のハに該当する主な例としては、国内の不動産の管理や修理、建物建築の請負、国内の旅客輸送や通信、語学教育等などがあります（消基通7-2-16）。

	役務の内容	根拠条文等
イ	国内に所在する資産に係る運送又は保管	消令17②七イ
ロ	国内における飲食又は宿泊	消令17②七ロ
ハ	イ、ロに準ずるもので、国内において直接便益を享受するもの	消令17②七ハ、消基通7-2-16

事例では、A社がB社の依頼に基づいて行った外部倉庫での保管業務は、材料の加工とは別の新たな役務提供と考えられます。そうすると表のイに該当して、輸出免税の適用はできません。調査官の指摘はこの点です。

A社にとっては、加工も国内での資産保管も、どちらも非居住者B社に対する役務提供ですが、国内での資産の保管は役務の輸出とは見られないということです。

なお、仮にA社が倉庫代を自分の費用とせず、B社に対する立替金等としていた場合は、消費税はA社の仕入税額控除の対象にはなりま

せん。

（5）関税が免除になると消費税も免除になる

　ところで、関税定率法には、加工貿易で輸入許可の日から1年以内に再輸出される一定の貨物について、輸入時の関税が免除される「再輸出免税」の規定があります（関税定率法17①一）。

　加工貿易の振興のための制度で、対象となる貨物は、彫刻、塗装、めっき等の加工をする材料など、政令で指定されています（関税定率法施行令31）。この規定によって関税が免除される場合には、同時に輸入消費税も免除になります（輸入品に対する内国消費税の徴収等に関する法律13①四）。

　消費税の観点からは、納税しても全額が仕入税額控除の対象になる限り、課税期間単位で見れば免除になるのと結果は異なりません（課税売上割合が低い場合は異なる）。一方、関税の観点からは、輸入関税が免除になれば、その分だけ資金負担の削減につながります。

● 他税目の視点

➤ 法人税の観点からも、輸出入の手続きをA社が行ってはいますが、A社は商品の売買ではなく加工賃収入を得ているものです。輸出入に係る費用は、請負に係る役務の履行のために要したものとして、売上原価に含まれるものと考えられます（法基通2-2-5）。

輸出免税

事例 11 ● 国内での引渡しは関税法の輸出ではない

　　株式会社Ａ社は、Ｘ国のＢ社に商品を販売するに当たり、インコタームズの貿易条件の１つである「EXW条件」で契約した。契約に基づき、Ａ社は日本国内の自社工場でＢ社が手配した運送会社に商品を引き渡した。Ｂ社は運送会社が港に運んだ商品を、Ｂ社名で輸出申告手続きをしてＸ国に輸入した。

　　Ａ社はこの取引を輸出免税として申告していたが、税務調査において、「輸出免税に該当せず、消費税の課税対象になります」という指摘を受けた。

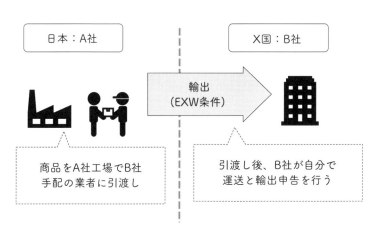

日本：A社

X国：B社

輸出
（EXW条件）

商品をA社工場でB社
手配の業者に引渡し

引渡し後、B社が自分で
運送と輸出申告を行う

（1）EXW条件とは

　EXW（Ex-Works：工場渡し）条件とは、インコタームズ（第３章Ⅵ参照）で定型化されている貿易条件の１つです。

　売主の国内にある工場や倉庫などの指定された施設で、商品を買主の処分に委ねたとき（例えば買主の手配した運送業者等に引き渡したとき）に引渡しが完了し、その後の商品に係る費用と危険負担が買主に移るという条件になっています。輸出者側の費用と危険の負担が最も小さい、売主に有利な条件とされます。

（2）引き渡した場所が肝心

　A社は、この取引を貿易と考えて売上げを輸出免税とし、商品の課税仕入れに係る消費税を仕入税額控除の対象としました。

　この取引は、大きく見れば輸出といえるかもしれません。しかし、EXWは「貿易条件」のひとつではありますが、突き詰めれば商品を国内で引き渡す取引です。

　輸出免税は、まず国内取引であることが前提となり、その上で譲渡者（A社）が輸出として行う取引（消法7①一）であることが必要です。この輸出とは、関税法に定める輸出（関税法2①二）をいいます。すなわち、税関に輸出申告をして輸出許可を得て、貨物を船舶や航空機に積み込んで外国に送り出す取引でなければなりません。

　さらに、輸出に該当することが、輸出許可書の名義で証明される必要があります（消法7②、消規5①、消基通7-1-1）。輸出免税になるのは、税関から輸出許可書を交付された本人ですから、A社は自社名で輸出申告をして輸出許可書の交付を受けることで、はじめて輸出免税を受けられることになります。証明書類としての輸出許可書等や関係する帳簿書類は、原則7年間の保存義務があります。輸出免税は、日本で消費税を課税しない仕組みですから、その要件は相当厳格です。

　しかし事例では、輸出申告をして輸出許可書が交付されるのはB社です。したがって、輸出免税を受けられるのもB社であってA社ではありません。もしかしたらB社は、A社から国内で引渡しを受けた後に気が変わり、輸出せずに日本国内で転売するかもしれません。そのよ

うな可能性が残る状況では、A社は輸出免税の適用を受けられません。A社は普通の国内取引としてB社に消費税を請求し、申告納税する必要がありました。

　なお、事例のようにEXW条件の取引であっても、A社が輸出許可を取り、その後に所有権や処分権がB社に移る等の契約になっていれば、A社が輸出免税を受けられた可能性があると考えられます。「EXW条件＝輸出免税なし」とまでは言い切れませんが、輸出入が誰の名前で許可されているかは、海外取引消費税における最重要事項です。

🔵 他税目の視点

> ➤ 法人税では、売上げが国内でも輸出でも益金計上に違いはありません。棚卸資産の販売に係る収益の額は、引渡しがあった日の属する事業年度の益金の額に算入します（法基通2-1-2）。

> ➤ インコタームズのEXW条件では、A社の工場等で引き渡したと考えられますので、収益計上のタイミングがこれより遅くなる場合（例えば取引相手が国外で検収した時点など）で、その間に期末が到来したりすると、期間損益の観点から売上計上漏れとなる可能性もあるでしょう。

> ➤ A社がB社のためにB社の名前で輸出手続きを代行する場合には、その役務提供の対価が契約金額や商品価格に反映されていなければ、B社に対する寄附金に該当する可能性もなしとしません。

事例 **12** ● 輸出手続きは自分の名前ですること

　株式会社Ａ社は、商品をＸ国のＢ社に輸出販売することになっ
たが、貿易実務に慣れていないため、輸出代行会社である内国法人
Ｃ社に手続きを依頼した。
　Ｃ社は自社名で輸出申告をし、輸出許可を受けて商品をＢ社に
送り出した。Ａ社はＣ社に代行手数料を支払い、通関手続きに係
る書類一式の写しを受領して、輸出免税として申告した。
　しかし、Ａ社の税務調査において、「この取引には輸出免税の適
用はできません」との指摘があった。

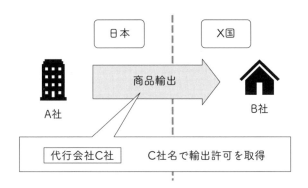

（1）輸出許可は誰に対して出ているか

　事例８では輸入手続きを代行業者が行う場合の問題を取り上げま
した。この事例は、輸出手続きを代行してもらう場合です。

　輸出免税が適用されるのは、輸出申告をして輸出許可書が交付された
輸出者本人です。事例では、輸出許可書の名義人がＣ社ですから、こ
のことだけでもＡ社は輸出免税を受けられません。

　さらに、Ａ社は輸出申告や許可に関する書類を、コピーでしか持っ

ていません。輸出の許可、又は船舶への積込みの承認があったことを証する書類（消規5①一）とは原本のことですから、写しでは要件を満たしません。

　一方、Ｃ社の方は自分の名義で輸出許可を得て、輸出許可書の原本も持っていますから、輸出免税を受けられる要件を、形式的には満たしていることになります。この状況では、Ａ社が輸出免税を受けられる余地はありません。調査官の指摘は、このような内容でしょう。

　輸出代行を依頼されたＣ社が自社名で手続きをせず、Ａ社の名義で手続きだけを代理するのであれば、この問題は生じませんでした。財務大臣の許可を得ている通関業者（多くは海貨業者、フォワーダー、倉庫業者等が兼業）は、通関業法に基づいて輸出入者本人の名義で通関手続きを代理しますので、輸出者本人が確実に輸出免税を受けられます。

（2）国税庁が示す実務的な取扱い

　しかし、国税庁は輸出の名義人が異なる場合に、実質的な輸出者が輸出免税を受けられる実務上の取扱いを、国税庁ホームページの質疑応答事例「輸出取引に係る輸出免税の適用者」の中で示しています。

　質疑応答の中では、「友好商社」などという半世紀前の大時代的な言葉が使われていてちょっと驚かされますが、実際の輸出者（事例ではＡ社）と名義貸しで輸出申告をする事業者（Ｃ社）は、両者が次の措置を講ずることを条件にして、輸出申告書の名義にかかわらず、実際の輸出者が輸出免税制度の適用を受けられるとしています。

① 　実際の輸出者（Ａ社）がすべきこと

◆　Ａ社は輸出申告書等の原本を入手して保存するとともに、Ｃ社に対して輸出免税制度の適用がない旨を連絡するための「消費税輸出免税不適用連絡一覧表」などの書類を交付する。

◆　Ａ社はＣ社に対して、代行に係る輸出取引について両者がどのように経理処理をするかを問わず、税法上はＣ社の売上げ及び仕

入れとして認識されないものであることを指導する。

②　名義貸しをする事業者（C社）がすべきこと

- ◆　C社は自社の確定申告書の提出時に、所轄税務署に対して、A社から交付を受けた①の「消費税輸出免税不適用連絡一覧表」の写しを提出する。

- ◆　ただし、C社がその確定申告に係る課税期間中に輸出免税の適用を全く受けていない場合には、消費税輸出免税不適用連絡一覧表は提出しなくてもいい。

なお、「消費税輸出免税不適用連絡一覧表」は簡単な様式で、上記の国税庁ホームページから入手できます。

また、事例でA社がC社に支払う代行手数料は国内における役務提供の対価ですので、A社では国内の課税仕入れ、C社では国内の課税売上げになります。

この取扱いは、「資産の譲渡等を行った者の実質判定」（消法13）に基づいた、実務上の例外的な手続きであると思われます。

（3）税務当局の輸出免税に対する厳しい目

税務当局は、不正な輸出免税の適用に対して、目を光らせています。輸出免税の適用などによって多額の還付が申告された場合、税務当局は還付する手続きを一旦停止して（「還付保留」という）、申告内容の適否を確認します。電話や書面（お尋ね文書等）による質問や、追加的な資料提出依頼などが多いと思われますが、税務調査になる場合もあるでしょう。

国税庁は、以前から消費税還付に対してこのような対応をしてきましたが、令和4年1月に、「消費税還付申告に関する国税当局の対応について」という文書を、改めてホームページに掲載しました。

短い文書ですが、還付申告の場合には還付保留、行政指導、税務調査等が行われることを記載し、納税者の理解と協力を求めています。輸出

免税に関係する内容はおおむね次のとおりです。これらの点はそのまま、輸出免税を適用する場合の重要な注意点になります。

◆　還付申告の主な原因が輸出免税の場合には、輸出許可書や課税仕入れに係るインボイス等の写しのほか、取引実態が確認できる資料の提出依頼や、実地調査を実施する場合もある。

◆　還付申告の原因の確認では個別具体的な対応を行うため、例えば課税仕入れや免税取引等の相手と連絡が取れず実態確認が困難な場合や、輸出等に係る証拠書類が適切に保管されていない場合などは、還付保留の期間が長期にわたる場合がある。

他税目の視点

➤　輸出が他者名義で行われている場合には、取引の経緯や事実関係によっては、事例のA社からC社に商品の譲渡があった、と見られる可能性もゼロとは言い切れないでしょう。

➤　所得課税に係る税法では、「実質所得者課税の原則」（所法12、法法11）が規定されています。収益の帰属者に関する規定ですが、消費税法では、その資産の譲渡等を行ったと見られる者が単なる名義人で、他の者が対価を享受する場合には、対価の享受者が資産の譲渡等を行ったものとして消費税法を適用するとしています（消法13）。

➤　所得税・法人税では「収益の享受」、消費税では「対価の享受」ですが、同じことのように思われます。ある取引に対していずれかの税目でこれらの規定が適用される場合には、他の税目においても同時に適用されると考えられます。

事例13 ● 在庫の場所を変えるだけでも輸出免税

　　株式会社Ａ社（仕入税額控除は個別対応方式）は、Ｘ国に販路を拡大する準備として、将来Ｘ国で販売する予定の商品を輸出し、現地で借りた倉庫に搬入した。輸出手続きはＡ社が行い、輸出許可書が交付されている。商品の販売先はまだ決まっておらず、当面は在庫としてＸ国で保管中である。

　　Ａ社は、移送は商品の保管場所が社内で変わっただけと考えて、課税売上割合の計算には影響させていなかった。しかし顧問税理士から、「課税売上割合の計算に反映させる取引だ」というアドバイスがあった。

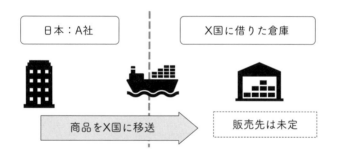

（1）海外移送も輸出のうち

　事例でＡ社が行ったのは他者との取引ではなく、資産を海外に持ち出しただけです。他人への移転（消基通5-2-1）もしていませんし、対価も得ていませんので資産の譲渡等に該当せず、消費税の課税対象になるものではありません（不課税）。

　しかし、この取引は「国外における資産の譲渡等又は自己の使用のため、資産を輸出した場合」に該当しますので、仕入税額控除の計算上

は、課税資産の譲渡等に係る輸出取引等とみなされます（消法31②）。

　この規定は、販売するための棚卸資産だけではなく、例えば海外支店で使用する機械や備品などの移送にも適用されます。もともと不課税ですので課税には関係ありませんが、課税売上割合の計算上では、移送した資産の価額を分母と分子に算入するのです。その結果、仕入税額控除の額が変わってきます。

　しかし、棚卸資産の置き場所を変えただけですから、対価や価額というものがありませんが、どこから持ってくるのでしょうか？

（2）移送資産の対価は輸出申告書に書くFOB価格

　資産の移送の場合に課税売上割合の分母・分子に算入する金額は、その資産が対価を得て輸出されるものとした場合の関税法施行令第59条の2第2項の「日本の輸出港における本船甲板渡し価格（FOB価格）」と定められています（消令51④）。

　移送する資産のFOB価格を消費税法上の輸出価格と考えて、課税売上割合の分母・分子の両方に算入するということです（消令51③）。

　FOB価格は、税関に提出する輸出申告書に記載しなければならない基本的な事項です。したがって、この消費税の取扱いのために新たに計算の手間が増えるものではなく、もともと輸出の手続きに必須の金額です。FOB（Free On Board：本船渡し）とはインコタームズの1つで、貨物そのものの価格に船に積むまでにかかる諸費用を加えた金額のことです（**第3章Ⅵ**参照）。

　また、海外への移送を課税取引とみなしますので、移送する資産に係る課税仕入れの個別対応方式での区分は、「課税資産の譲渡等にのみ要するもの」になります。仮にその資産が非課税資産だったとしても同様に区分して、仕入税額控除の対象とすることができます（**事例14**参照）。

（3）特例的な取扱いの目的は国境税調整

　この特例的な輸出免税の取扱いは、国境税調整の一環として行われるものです。

　海外への資産の移送を譲渡とみなすのは、日本から直接海外に販売すれば輸出免税が適用されることとのバランスを取り、国境税調整を厳格に行うためです。資産が将来海外で消費（譲渡や自己使用）される限りは、移送も譲渡も同じと考えるわけです。

　理由はともかくとしても、海外移送や非課税資産の輸出によって課税売上割合が変わってくることを見落とすと、納税額が過大になってしまいますので注意が必要です。

　なお、この特例の適用のためには、通常の輸出免税の適用を受けるのと同様に、輸出許可書その他の輸出を証明する書類の7年間の保存が必要になります（消規16）。

�🔘 他税目の視点

> ➤ 資産の移送は、企業の内部で保管場所が変わるだけなので、損益には関係しません。しかし、棚卸資産や減価償却資産の保管場所等が遠く海外に変わることで、期末棚卸から漏れたり、減価償却資産の管理や償却費の計上から外れてしまったりしないような注意が必要です。遠隔地にある在庫の棚卸計上漏れなどは、時々見受けられるところです。

> ➤ 購入した棚卸資産の取得金額には、販売所間の移管に要した運賃等の費用（事例の海外移送の費用）も原則として含まれますが、棚卸資産の購入代価のおおむね3％以内であれば、取得原価に算入しないことができます（法基通5-1-1）。

事例 **14** ● 国境税調整は非課税資産の輸出にも及ぶ

> 株式会社Ａ社（仕入税額控除は個別対応方式）は、非課税資産（身体障害者用の物品：消費税法別表第2第10号該当）をＹ国の事業者に輸出した。
>
> Ａ社は、仕入税額控除について、輸出した非課税資産の売上げを課税売上割合の分母にだけ算入するとともに、それに係る課税仕入れの消費税を「課税資産の譲渡等以外の資産の譲渡等にのみ要するもの」に区分し、国内取引と同様の計算をしていた。

　Ａ社は、消費税を多く納め過ぎている（仕入税額控除が少ない）状況です。税務調査では、税金の払い過ぎという観点からの検討はあまりされないかもしれません。納税者にとって追徴課税は避けたいものですが、過大な納税額に気が付かないでいることも、追徴課税と同様に避けたいところです。

　事例は、取引としてはあまり一般的ではないかも知れませんが、国境税調整の考え方がよく表れているケースです。

（1）非課税取引と仕入税額控除の問題点

　国内取引においては、非課税資産の譲渡等に係る課税仕入れの税額は、課税売上割合の計算や個別対応方式における課税仕入れの区分を通じて、仕入税額控除ができないようになっています。しかし課税仕入れはしているのですから、その税額が控除できなければ、商品の原価にならざるを得ません。そして、原価に利益を上乗せして商品価格を決めるとすれば、非課税資産を売る事業者が仕入税額控除できなかった税額は、結果的に商品価格に含まれることになります。ここに、「隠れた消費税の転嫁」という問題が生じます。

　あるいは、課税仕入れに係る消費税額を商品価格に反映できなければ、その消費税はまさに「消費者に転嫁できない、事業者自身に対する課税」になってしまいます。

　非課税取引には、①消費に負担を求める税としての性格から見て課税の対象とすることになじまないものと、②社会政策的な配慮から課税することが適当でないものがあります。①は利息や不動産の価格など、支出が消費の対価とはいいにくい種類の取引です。これに対して②は、医療や介護関係の支払いなど明らかに消費のための支出ではあるのですが、社会政策的に消費者に消費税の負担を求めない種類の取引です。

　いずれも非課税の立派な理由なのですが、それでも転嫁を前提として、最終的には消費者に負担を求めるという消費税の根本的な趣旨とは相反する仕組みになっています。

（2）輸出では非課税より国境税調整を優先する

　しかし、非課税資産を輸出する場合にも国内取引と同じ処理をすると、その税額はコストとして輸出価格に反映されてしまいます。これでは、輸出先での価格競争に対して消費税制が中立でいるために「商品を消費税フリーの状態にして輸出する」という仕向地国原則の考え方（第1章Ⅲ1参照）が貫徹できません。

　そこで、輸出の場合には、譲渡する商品や役務提供が非課税であっても「課税資産の譲渡等とみなして仕入税額控除を適用する」という特例が設けられています（消法31①）。事例13の資産の海外移送に係る輸出免税の適用と同じ考え方です。

　A社は、個別対応方式の計算に当たって、非課税資産に係る国内での課税仕入れを、普通の課税資産と同じように「課税資産の譲渡等にのみ要するもの」に区分すべきでした。さらに課税売上割合の計算では、輸出する非課税資産の対価を、課税資産と同じように分母・分子の両方に算入することができます。これによってA社が仕入税額控除できる

税額が増加し、申告納税額が減少します。

　この規定は、国際的な取引において消費税制が競争条件を歪めないために行う国境税調整を、国内の社会政策の観点等から決められている非課税取引に優先させるものです。非課税資産の輸出を課税資産の輸出と同様に扱うことで、国境税調整が国内取引における各種の取扱いに優先して、厳格に実施されるべきルールであることを示す例になっています。

事例 **15** ● 非居住者相手の役務提供は輸出免税だが例外がある

株式会社Ａ社は、Ｙ国法人のＢ社（消費税法上の非居住者で、日本に事務所等を有さない）から次の２件の業務を受注した。業務はすべて日本国内で行った。

業務１：Ｂ社商品の類似品（日本製）の日本市場での動向調査

業務２：Ｂ社の代表者が日本に保有する家作（空き家）の現況調査と、必要と認められる場合の修繕

Ａ社は、これらの役務提供はＢ社が非居住者なので輸出免税になると考えて、消費税を請求しなかった。

しかし税務調査において、「業務２の役務には輸出免税の適用はなく、課税売上げの計上漏れになります」との指摘を受けた。

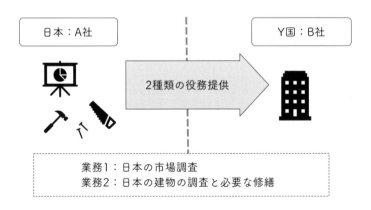

日本：Ａ社		Ｙ国：Ｂ社

2種類の役務提供

業務1：日本の市場調査
業務2：日本の建物の調査と必要な修繕

（1）役務の輸出とは非居住者に対する提供のこと

税関を通らない役務が輸出されたかどうかは、有形資産なら税関で輸出手続きをしたかどうかで判定するところを、「役務の提供相手が非居

住者かどうか」で判定します（消令17②七）。

　消費税法の非居住者の定義は所得税法に定義されている非居住者とは違っていて、「外国為替及び外国貿易法」の定義が使われており、法人も含まれるなど独自のものになっています（**第2章Ⅲ3（2）参照**）。

　A社の役務提供の相手であるB社は消費税法上の非居住者ですので、2件の業務はどちらも輸出免税に該当しそうに見えます。しかし、非居住者に対して国内で役務提供をしても輸出免税にならない場合として、次の2つの例外があります。業務1はその例外には該当せず、輸出類似取引として輸出免税の対象になりました。しかし業務2の方は、例外に引っかかりました。

（2）例外1……日本に非居住者の事務所等がある

　例外の1つ目は、非居住者が日本に支店や出張所等の事務所を持っている場合です。関税法の取扱いにより、非居住者の日本国内にある事務所等は居住者となります（「外国為替法令の解釈及び運用について」（昭和55年11月29日付蔵国第4672号））。非居住者がこのような事務所等を有している場合には、役務は居住者である日本の事務所等に対して（それを経由して）行われたものとされます。

　ただし、次の要件をすべて満たす場合には、事務所（居住者）を経由しない国外の本店等との直接取引として、輸出免税を適用して差し支えないとされています（消基通7-2-17）。

---

① 　国外の非居住者との直接取引で、直接にも間接にも日本事務所の関与がない

② 　日本事務所の業務は、非居住者に提供する役務と同種か関連する業務ではない

　仮にB社が日本に事務所等を有していて、そこがA社との受注や連

絡に関与していれば、事例の業務は輸出免税にはなりません。しかし、上記①②の要件を満たす場合には、Ｂ社のＹ国本店との直接取引と認められて、輸出免税が適用できます。この場合には、それを明確に説明できる資料や情報をしっかり保管しておく必要があります。

　非居住者への役務提供に際しては、念を入れて、日本における事務所の存在などを確認しておく方がいいでしょう。

（3）例外２……便益の享受が日本国内で完結する

　例外の２つ目は、提供した役務の便益を非居住者が日本国内で直接享受して終了する、次のような取引です（消令17②七イ、ロ、ハ）。

（ア）国内に所在する資産に係る運送又は保管
（イ）国内における飲食又は宿泊の提供
（ウ）（ア）、（イ）に準ずるもので、非居住者が国内で直接便益を享受する役務

　これらは、サービスの便益が国境を越えておらず、国内で消費されて完了するものなので、商品が輸出されたのと同様にとらえることはできないものです。

　消費税法基本通達には、（ウ）の例として、建物の建築請負、医療、観劇、国内の電話や通信、旅客輸送、日本語学校等での語学教育などが示されています（消基通7-2-16）。

　事例の業務２は、日本に所在する建物の修理等ですから、通達にある国内での建築請負と同様に考えられるでしょう。役務の便益が国内で直接消費されている場合に該当するとして、輸出免税の適用がないという指摘になったと思われます。

　役務の便益が国内で完結する取引の判定は、比較的広い範囲でとらえられています。例えば、非居住者が日本で語学学校に通うような場合、

そこで得た知識や能力は将来国外でも活用できるとは思いますが、語学学校の売上げは輸出免税にはなりません（消基通7-2-16）。語学を教授するという役務は、その講義が修了した時点で完全に提供が終わり、受講者がその内容を修得したかどうかにかかわらず、その時点で便益を100％享受したという考え方です。

◉ 他税目の視点

➤ 法人税法上は、市場調査や建物修理などの役務提供に係る収益や費用の計上時期に注意する必要があるでしょう。請負に係る収益は、原則として引渡しの日の属する事業年度の益金になります（法基通2-1-21の7）。

また、損金算入は、その事業年度の終了の日までに債務が確定しているものでなければなりません。

債務確定の要件としては、債務の成立、具体的な給付原因事実の発生、金額の合理的な算定の3点が挙げられます（法基通2-2-12）。

事例 16 ● 典型的な非課税の利子収入も課税扱いに

　株式会社 A 社（仕入税額控除は個別対応方式）は、X 国に海外子会社 B 社（消費税法上の非居住者）を有している。A 社は親会社として設備投資の資金と運転資金を B 社に貸し付けており、定期的に利子収入がある。

　A 社は、B 社から受け取る利子を非課税と考え、課税売上割合の計算上は分母にだけ算入していたが、顧問税理士から「課税売上割合の計算が違っていて、消費税を払い過ぎている」というアドバイスがあった。

```
日本：A社（親会社）        X国：B社（子会社）

        資金の貸付け →

        ← 利子収入
```

（1）外国への貸付金の利子収入は輸出免税扱いになる

　結論から言えば、A 社が非居住者である B 社から受領する利子収入は非課税ではなく輸出免税扱いになります。消費税がかからないという点では同じでも、A 社は利子の金額を、課税売上割合の分母だけではなく分子にも算入することができました（消法 31 ①）。そうすると課税売上割合が上昇しますので、仕入控除できる税額が増加して納税額が小さくなります。

　この規定（利子の輸出免税）の適用要件としては、まずこの金銭の貸

付けが国内取引に該当すること、次にそれが輸出取引等（消法7①各号）に該当することです。

（2）貸付金の内外判定は事務所の所在地で

　非課税となる資産の譲渡等は、消費税法の別表第2にリストとして掲げられていますが、それらは国内における譲渡等であることが条件になっています（消法6）。

　別表第2の第3号に「利子を対価とする貸付金その他の政令で定める資産の貸付け」があり、それは金銭の貸付けとされています（消令10①）。事例の貸付けはこれに該当しますので、あとは国内取引に該当するかどうかです。

　利子を対価とする金銭の貸付けの内外判定は、「貸付けを行う者のその貸付けに係る事務所等の所在地が国内かどうか」で行います（消令6③）。事例では貸し付けているのがA社の日本の事務所ですので、国内取引に該当します。

（3）利子収入の輸出免税は債務者が誰かで決まる

　次に、この非課税取引である貸付けが、輸出免税に該当するかどうかです。

　輸出に該当する取引（消法7①、消令17）の中に、金銭の貸付けで債務者が非居住者であるものは、「消費税法第31条第1項の規定の適用上は輸出取引に該当する」という規定があります（消令17③）。

　事例の貸付けの債務者は消費税法上の非居住者であるX国のB社なので、貸付けは輸出取引に該当します。そうすると、この貸付けは国内で行われた非課税資産の譲渡等であって、かつ輸出取引に該当しますので、消費税法第31条が発動します（**第3章Ⅲ**参照）。

　その結果、A社がB社から受け取る利子（貸付けの対価）は非課税ではなく「課税資産の譲渡等に係る輸出取引」の対価とみなされて、課

税売上割合の分母だけでなく分子にも算入されます（消令51②）。

　また、貸付金ではなく、日本の事業者が外国の銀行に持っている預金も、内外判定と輸出取引の判定では貸付金と同様になりますので、課税資産の輸出取引とみなされます。したがって、その対価である預金の利子は、課税売上割合の分母と分子の両方に算入されます。

○ **他税目の視点**

➤ 事例は日本の親会社が子会社（国外関連者）から受け取る利子ですが、移転価格税制上、「国外関連者から受け取る利子が独立企業間価格になっているか（安すぎないか）」といった問題が生じる可能性があります。

　反対に、日本から国外の関連会社や株主等に対して支払う利子も、同様の移転価格税制の問題（国外関連者に支払う利子が高すぎないか）の他に、タックス・ヘイブン対策税制、過少資本利子税制、過大支払利子税制など、多くの国際的租税回避防止規定の対象になります。海外の関係会社との間でやり取りする貸付金利子の利率や金額は、関連会社間で利益を移転するためのツールになりやすいので、すべての国際的租税回避防止規定でターゲットにされているのです。

➤ 国外関連者に対する貸付金の利率の独立企業間価格については、令和4年6月に国税庁の「移転価格事務運営要領」が改訂されて、それまでに比べて算定方法が少々複雑になっています。貸付けの金額規模や相手国によって移転価格課税上のリスクは異なると思われますが、注意が必要です。

事例 17 ◦ 郵便で貿易したら輸出免税の証明はどうする？

　株式会社Ａ社は、中古のブランド装身具や腕時計等を国内で仕入れ、Ｘ国のＢ社などの外国からの注文に応じて輸出販売している。商品が小型軽量であることから、配送には国際郵便を使っている。

　郵便物１個当たりの売上価格が 20 万円を超える商品も多かったが、Ａ社は発送伝票等の商品価格の欄に、Ａ社独自の商品評価額としてすべて 20 万円以下の金額を記載し、簡易郵便物の取扱いを受けていた。一方、法人税の申告は実際の金額に基づいて作成していた。

　しかし、Ａ社の税務調査において、「実際の取引価格が 20 万円を超えている郵送商品については、輸出許可書の保存がないため輸出免税の適用はありません」と指摘された。

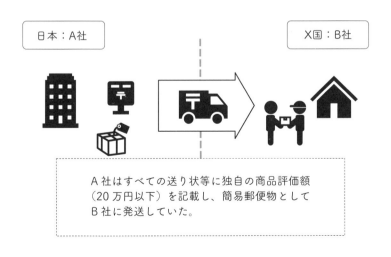

| 日本：Ａ社 | | Ｘ国：Ｂ社 |

　Ａ社はすべての送り状等に独自の商品評価額（20 万円以下）を記載し、簡易郵便物としてＢ社に発送していた。

（1）輸出申告されていないと輸出免税にならない

　郵便を使って輸出をする場合には、簡易郵便物（価格が20万円以下）に該当するかしないかで実務や課税が大きく違ってきますので、安易に考えると問題が生じます。簡易郵便物（**第3章Ⅶ参照**）とは、「郵便物の価格が20万円以下であれば、税関に対する輸出入の申告は不要」とされる、関税法上の特例です（関税法76①）。輸出入申告が不要なので、輸出入許可書の交付はありません。

　ここで、判定のための20万円以下という価格は、事例のような「郵送者独自の評価額」ではなく、現実の取引価格です。調査官の指摘は、「価格が20万円を超えているので簡易郵便物には該当しない。したがって通常の通関手続きをすべきだったが、それもしていない。その結果、輸出許可書の保存がない（そもそも取得していない）ため、輸出免税は適用されない」ということです。

　A社としては外国に送ったことは確かなのですが、輸出申告をしていないので輸出許可書のありようがなく、そこが「輸出の証明が不十分」とされているのです。

（2）郵便物の価格をどう考えればいいのか

　消費税法は、「関税法第76条第1項に定める郵便物」（簡易郵便物）として輸出した場合の輸出の証明書類を、輸出許可書ではなく郵便の引受け書類等としています（消規5①二）。簡易郵便物の要件として、内容物の価格が20万円以下のものと定めているのは消費税法ではなく関税法なので、価格も関税法で考えることになります。

　まず、輸出の際には輸出申告書に貨物の価格を記載する必要があります。記載すべき価格は、「当該貨物の本邦の輸出港における本船甲板渡し価格」です（関税法施行令59の2②）。これはいわゆるFOB（本船渡し条件）価格で、実際の取引価格が基準になっています（FOB価格やインコタームズについては**第3章Ⅵ参照**）。

　また、関税法基本通達は「有償で輸出される貨物については、原則として当該貨物の現実の決済金額……を基とする」（関基通67-1-4）としており、輸出申告上の貨物の価格とは現実の取引金額と考えられます。簡易郵便物の判定は、現実の取引価格が20万円以下か否かで行うということです。

　したがって、消費税で郵便の引受け書類を証明書として使えるのは、「簡易郵便物として送った場合」ではなく、「その内容物の現実の取引価格が20万円以下の場合」です。結果的に簡易郵便物で配達されたからといっても、価格が20万円を超えるものは、引受け書類では輸出の証明にはなりません。

　この20万円の判定は、原則として郵便物1個当たりで判定しますが、同じ受取人に2個以上に分けて郵送する場合には、それらの合計額によります（消基通7-2-23）。小分けにして1個当たりの価格を下げることを防ぐ規定です。

　また、仮に輸出（簡易郵便物の発送）の時点で販売価格が未確定である場合には、その商品の調達原価に通常の利潤と一般管理費等を加えた額が、輸出申告書に記載すべき価格とされています（関基通67-1-4（1）二）。

（3）形式的な要件を厳格に考えることが大切

　A社商品の多くは、B社に20万円以上で売られていました。また、国内での商品の仕入れ価格が20万円以上であれば、特別に原価割れで売る合理的な理由でもない限り、税務調査では郵送される商品の価格は20万円以上と推定されると思われます。

　A社は法人税では正しい売上げを申告していたようですが、もしかするとA社は取引先から、先方の国で輸入の際に課される関税や付加価値税を少なく抑えるために、輸出価格を小さく記載してくれと頼まれたのかもしれません。あるいは、法人税や消費税の申告を正しい売上げ

で行っていれば、簡易郵便物で送る方がいちいち輸出通関の手続きをするより楽だ、と軽く考えたのかもしれません。

　少々面倒でも、初めから実際の価格で輸出申告し、輸出許可書を入手しておけば、輸出免税が受けられました。しかし輸出証明を安易に考えて、簡易郵便物に該当しないもの（消費税法上は税関の輸出許可書が必要なもの）をそのまま郵送してしまったために、適正な手続きを踏めば受けられたはずの輸出免税が受けられなくなってしまいました。

　20万円を超える商品を簡易郵便物で送ってしまうと、輸出を証明する手段を失って輸出免税が適用できなくなります。簡易郵便物は時に便利な貿易手段ですが気を抜かずに、金額基準や証明書類の入手と保存などの形式的な要件を厳格に考えることが大切です。

他税目の視点

➤　事例では、法人税の申告は実際の売上金額で作成されていたということですが、郵便の送り状に書いた過少な価格を法人税申告にも使ってしまえば、法人税でも大きな問題になります。

➤　輸出免税の制度を悪用して不正還付を受けようとした事例の中には、還付金額を多くするために国内の仕入れの水増しや架空計上をして、消費税だけではなく法人税でも不適切な申告をしているものが見られます。
　税務当局は消費税の不正還付対策を強化していますので、あらぬ誤解を受けないためにも、書類の保存や記帳を適切に行う必要があります。

事例 18 ● 外国貨物でなくなるのはいつのこと

　　株式会社Ａ社は、貨物を輸入したＢ社（内国法人）から次の業務を受注した。
　　　役務①　港に到着した貨物の埠頭から保税蔵置場への運送
　　　役務②　保税蔵置場の中での傷んだ包装の補修
　　　役務③　保税蔵置場からＢ社が借り上げた一般の倉庫への運送

　　Ａ社は貨物を令和5年10月10日に埠頭から保税蔵置場に運送し（役務①）、Ｂ社は10月16日に輸入申告を完了して輸入許可書が交付された。Ａ社は10月20日に同じ保税蔵置場の中で包装を補修し（役務②）、10月30日に貨物をＢ社の借上倉庫に運送した（役務③）。

　　Ａ社は①～③の売上げを「外国貨物に対する役務提供」と考え、輸出免税として申告した。しかし税務調査において、「③の売上げは輸出免税に該当しません」と指摘された。

③運送
（R5.10.30）

②包装補修
（R5.10.20）

①運送
（R5.10.10）

保税蔵置場

Ｂ社借上倉庫

埠頭

（1）外国貨物に対する役務提供

　外国貨物が積み降ろしされる埠頭（指定保税地域）も保税蔵置場（い
わゆる保税倉庫）も、どちらも保税地域（**第２章Ⅱ１（3）、第３章Ⅴ**
参照）です。保税地域には、輸入許可前の貨物や輸出許可を受けてもま
だ船積みしていない貨物（外国貨物）以外にも、輸入許可を得てもまだ
引き取っていない貨物や、輸出許可を得るために通関手続中の貨物（内
国貨物）も置かれています。外国貨物と内国貨物が混在しているので
す。

　Ｂ社の貨物は、輸入許可書が交付されていない外国貨物のまま、埠頭
から保税蔵置場に保税運送されました（役務①）。これは外国貨物に対
する運送として輸出免税になりますので（消令17②四）、Ａ社の申告ど
おりです。

　そして、貨物が保税蔵置場に置かれていた期間中の10月16日に輸入
許可が下りて、外国貨物が内国貨物に変わりました。そうすると、その
後にＡ社が行った役務②と③は、内国貨物を対象とした役務提供とい
うことになります。Ｂ社は非居住者でもありませんから、輸出免税の適
用はなさそうに思われますが、調査官の指摘は、役務③だけが輸出免税
にならないというものでした。

（2）内国貨物への役務提供でも輸出免税の場合あり

　役務提供の対象が外国貨物か内国貨物かは、輸出免税となるかどうか
を左右する重要な問題ですが、「貨物の外国・内国のステイタスが変
わった時」をあまり厳密に追及することは実務的に難しく、手間がか
かったり混乱が生じたりしそうで、現実的ではありません。事例のＡ
社は、貨物が内国貨物に変わる（Ｂ社が輸入許可を取得する）瞬間を、
いつも気にしていなければなりません。

　そこで、同じ保税地域の中で外国貨物と内国貨物のステイタスが変わ
る場合には、内国貨物に対する役務提供にも輸出免税が適用されること

になっています（消令 17 ②四かっこ書、消基通 7-2-13）。保税地域の中に
ある貨物への役務提供を一律に輸出免税とする、実務的な規定です。

　事例の貨物は 10 月 16 日に内国貨物になりましたが、外国貨物の時か
ら引き続き同じ保税蔵置場にありますので、その状態で 10 月 20 日に
行った役務提供（役務②）は、A 社の申告どおり輸出免税になります。

　しかし、すでに内国貨物となった貨物を保税地域ではない場所（B 社
の借上倉庫）まで運送する 10 月 30 日の役務提供（役務③）には、この
規定は適用されません。役務が保税地域の中だけでは終わらないからで
す。保税地域から国内に持ち込むための役務提供は輸出免税にならず、
調査官の指摘となりました。

（3）輸出免税になる役務提供の種類

　外国貨物に対する「荷役、運送、保管、検数、鑑定その他これらに類
する役務の提供」は、輸出免税の対象になります（消令 17 ②四、**第 3 章
Ⅴ 2 参照**）。事例では、A 社が保税蔵置場の中で行う「傷んだ包装の補
修」もここに該当するものとしていますが、実際にはこの判定も適切に
行う必要があります。

　輸出免税になる外国貨物への役務提供は、貨物の現状を変更しない簡
易な点検や手入れの範囲と考えられます。このレベルを超えた組立てや
加工のような役務提供、原材料としての貨物の使用などは、輸出免税の
対象にはなりません。

　外国貨物に係る役務提供として輸出免税で申告する場合には、外国貨
物に該当するか、保税地域の中にあるか、役務の内容が輸出免税となる
範囲内のものかなどの事実関係をよく確認する必要があります。

他税目の視点

➢　法人税では、埠頭から保税蔵置場を経て B 社の借上げ倉庫に収まるまでの費用は、原則として購入した棚卸資産の取得価額に含まれます（法令 32 ①、54 ①）。ただし、買入事務、手入れ、移送費用などは、その棚卸資産の購入代価のおおむね 3 ％以内の金額であれば、取得価額に算入しないことができます（法基通 5-1-1）。

また、通常の保管費用（B 社借上倉庫の倉庫代等）は、取得価額に算入する必要はなく、販管費等として損金にすることができます（法基通 5-1-1（注）2）。

事例 **19** ◦ 外航船舶等の修理も輸出免税のはずだけど？

株式会社Ａ社は、海上運送法に定める船舶運航事業者であるＣ社から、外航船舶等に該当する船舶の国内での修理を受注した。

修理には特殊な技術を必要とする部分があったため、Ａ社はその技術を持つ株式会社Ｂ社に修理の一部を外注した。

Ｂ社は、受注した修理の対象が、船舶運航事業者が事業の用に供する外航船舶であることを確認した上で、売上げを輸出免税の対象として消費税の申告納税をした。

しかし、Ｂ社は税務調査で、「Ａ社に対する売上げは輸出免税に該当しません」と指摘された。

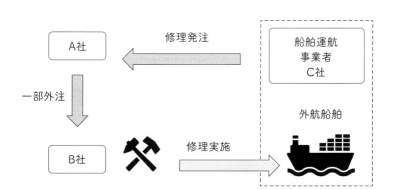

（1）外航船舶等の修理と輸出免税

外航船舶等とは、専ら国内及び国外にわたって、又は国外の地域間で行われる旅客又は貨物の輸送の用に供される船舶・航空機のことです（消法7①四、五）。その譲渡や貸付けが内外判定で国内取引であって、取引相手が「船舶運航事業者等」である場合には、輸出免税が適用され

ます（**第3章IV**参照）。

　そして、外航船舶等については譲渡・貸付けだけではなく、国内で行う修理を含む一定の役務提供も輸出免税になります（**第3章V**参照）。B社は、これが適用になると考えました。

（2）内外判定と輸出免税の要件

　役務提供の輸出免税の検討は、いつも内外判定から始めなければなりません。判定の原則は、「役務が提供された場所」（消法4③二）です。修理等に係る特段の個別規定はありませんので、B社が修理を国内の港で行ったことから、国内取引になります。

　次に、国内における船舶の修理が輸出免税になる要件は、「外航船舶等の修理であって、船舶運航事業者等の求めに応じて行われるもの」です（消令17①三、②一ハ）。

　B社は、C社が国土交通省に届出をしている船舶運航事業者であることや、修理する船舶が消費税法の外航船舶等に該当することまで確認しています。しかし、税務調査では輸出免税に該当しないと指摘されました。どこに見落としがあったのでしょうか？

（3）直接頼まれないとダメ

　要件の1つである「船舶運航事業者の求めに応じて」とは直接注文を受けることで、消費税法基本通達7-2-10でもそのことが念押しされています。そして、事例で船舶運航事業者等から修理の依頼を直接受けたのはA社です。B社はA社から修理を外注された下請けの事業者ですから、要件を満たしていません。B社は、条文の「求めに応じて」の部分を、「船舶運航事業者であるC社が修理を求めているのは確かだから、それをするのは誰でもいいのだろう」と緩く解釈していたのです。

　そうすると、B社はC社ではなくA社の求めに応じて、A社に対して役務提供（修理）を行ったことになり、それはA社に対する「国内

における課税資産の譲渡等」として通常の課税取引になります。輸出免税を受けられるのは、船舶運航事業者のC社から直接受注したA社だけです。そして、A社がB社に支払う外注費はA社の課税仕入れになりますので、A社はこれを仕入税額控除することができます（消基通7-2-10（注））。

（4）修理以外にも輸出免税となる役務提供

　修理以外にも、外航船舶等に対する役務提供で輸出免税になるものとして、次のようなものが挙げられます。

外航船舶等への役務提供で輸出免税となるもの
船舶運航事業者等に対して行われる役務提供のうち、
外航船舶等の修理（消令17①三、②一ハ）
外航船舶等の水先、誘導、その他入出港又は離着陸の補助（消令17②三）
外航船舶等の入出港、離着陸、停泊又は駐機のための施設の提供、貸付け（消令17②三）
その他これらに類する役務提供として、例えば外航船舶等の清掃、廃油の回収、汚水処理等（消基通7-2-11）

　表にある「水先」とは、水路が狭い、浅い、船舶の交通が多いなどの、船舶の安全な運航が必要とされる海域（水先区）において、その海域をよく知る水先人が乗り込んで船舶を導くことをいいます（水先法2①）。

　この他、船舶や航空機の入出港や離着陸、停泊や駐機のための各種の補助業務や、そのために使用される港湾や空港の施設の提供や貸付け、さらには外航船舶等の清掃や点検などの役務提供も、輸出免税の対象になります。

　注意すべき点としては、修理以外の役務提供にも、修理と同様に「船

舶運航事業者等に対して行われるもの」という要件が付いているところ
です。これらの役務は、船舶運航事業者等との直接取引でなければ輸出
免税の対象にはなりません。下請けとしての役務提供の場合は、それを
発注した事業者との間の通常の国内（課税）取引になります。

◯ 他税目の視点

> ➢ 法人税の観点からは、Ａ社やＢ社にとっては役務提供に係る
> 収益の計上時期、Ｃ社にとっては修理が一時の損金ではなく
> 資本的支出等として資産計上すべきものに該当するかどうか
> 等が注意点になるでしょう。

Ⅳ 電気通信利用役務の提供

事例20 ● なかったことになる事業者向け提供

　株式会社Ａ社（ホテル業、課税売上割合99％）は、Ｘ国法人の
Ｂ社が提供するインターネット上の宿泊予約サイトを利用して、海
外客の予約を受けている。予約手続きはＢ社がネット上で代行し、
Ａ社はＢ社に事務代行手数料（予約サイトの利用料）を支払って
いる。Ｂ社からは、インボイスの交付は受けていない。

　Ａ社は、海外からの客の宿泊代を消費税の課税対象とする一方、
Ｂ社に支払う手数料を「適格請求書発行事業者以外の者から行った
課税仕入れ」と考えて、支払対価に7.8/110を乗じた仕入税額相
当額の80％を仕入税額控除の対象としていた。

　しかし税務調査において、「Ｂ社から受けるサービスは、事業者
向け電気通信利用役務の提供に当たります。そしてＡ社は課税売
上割合95％以上なので、この特定課税仕入れは消費税法上なかっ
たものとなります。したがって、仕入税額控除の対象になりませ
ん」という指摘を受けた。

（1）制度は普通ならこう適用される

　調査官は、Ａ社がＢ社から受けているインターネット上の予約代行
サービスを、事業者向け電気通信利用役務の提供に該当すると指摘して
います。

　このサービスの内容は、国外事業者であるＢ社がウェブサイト上で
運営しているホテル予約サイトの提供です。

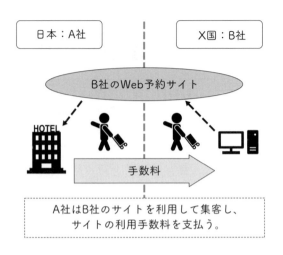

　まず、インターネットの空間そのものがビジネスの舞台になってい
て、インターネットの存在を欠いては成り立たないサービスですので、
電気通信利用役務の提供に該当します。他の資産の譲渡等に付随してイ
ンターネットが使われるものでもありません。電気通信利用役務の提供
に係る専用の内外判定はサービスの受け手（Ａ社）の本店所在地を基
準にしますから、国内取引に該当します。

　次に、Ａ社を含むこのサービスの利用者は宿泊客の獲得が目的です
から、事業者向けのサービスに該当します。

　したがってＡ社は、国外事業者Ｂ社から、事業者向け電気通信利用
役務の提供を受けた（特定課税仕入れを行った）ことになります。国内
において特定課税仕入れを行ったＡ社は、原則としてリバース・チャー
ジ方式によりＢ社に代わって納税義務者になります。ということは、Ａ
社は支払額に消費税を上乗せしてＢ社に支払うのではなく、Ａ社自身
が納税義務者となって、Ｂ社に支払う対価（税抜）を課税標準として申
告納税しなければなりません。

　そして、リバース・チャージ方式により納付する消費税額は、同時に
仕入税額控除の対象にもなります。

（2）しかし多くの事業者にはなかったものとなる

　以上が、事業者向け電気通信利用役務の提供とリバース・チャージ方式の適用のルールです。しかし、課税売上割合が95％以上の課税期間においては、この特定課税仕入れは当分の間なかったものとして、消費税法の規定を適用することになっています（平成27年改正消法附則42）。A社の課税売上割合は99％ですので、これに当たります。

　特定課税仕入れがなかったものになるということは、消費税法の適用上、上記の原則課税のすべてが生じないということで、言い換えればこの取引は不課税取引に等しいということです。リバース・チャージ方式による課税も仕入税額控除もすべて存在しませんし、課税売上割合の計算や、個別対応方式における取引区分等にも全く影響しません。

　ところが事例では、A社はリバース・チャージ方式による納税義務の転換をなかったことにしたところまではいいのですが、仕入税額控除の方は実行してしまったところにミスがありました。本来は両方ともなかったので、一方だけをなかったことにはできません。

　なお、A社はインボイス制度の経過措置を適用していましたが、リバース・チャージ方式が適用になる場合に仕入税額控除の対象になるのは、「自分自身がインボイスなしで納税した消費税」です。したがって、リバース・チャージ方式に経過措置が登場する場面はありません（第3章Ⅰ6（1）参照）。

（3）リバース・チャージは輸入消費税と同じこと

　多くの事業者は、「電気通信利用役務の提供に該当するか否か」の定義に基づく判定から入って、次に「事業者向け提供」に該当するかを判定し、それに該当するからリバース・チャージ方式で納税かと思ったところで、「でもそれはなかったことです。不課税取引と思ってください。」といわれてしまいます。

　「なかったものとする」というのは、かなりインパクトの強い表現で

す。言葉からは課税が緩和されているような印象を受けますが、本来は両建てになる「課税とその同額の仕入税額控除」がセットでなくなるだけですので、仕入税額控除が全額可能な事業者であれば、どちらでも同じことなのです（**第2章Ⅳ4（2）**参照）。

　したがって、リバース・チャージ方式の適用を真剣に検討しなければならないのは、「本則課税で申告する課税売上割合95％未満の事業者」だけです。金融機関や不動産業などが代表的な業種ですが、事業者の数としては少数派でしょう。仮に課税売上割合が70％であれば、リバース・チャージ方式により生じる納税の負担は、国外事業者への税抜対価に係る消費税の30％分ということになります。

● 他税目の視点

> ➤ 源泉徴収の観点からは、B社がインターネット上で提供する業務は、国内で行う「人的役務の提供（所法161①十二）」又は「人的役務の提供事業（所法161①六）」には該当しないと考えられますので、国内源泉所得に該当せず、源泉徴収の必要はないでしょう。
> X国と租税条約がある場合は、B社による役務提供は事業所得になりますので、B社が日本に恒久的施設を有していなければ、B社に対する日本の課税（法人税・所得税）はありません。
>
> ➤ A社の支払いがB社の保有する無形資産の使用料に該当すれば、国内源泉所得（所法161①十一）となって源泉徴収が必要になる可能性が生じます。この場合、使用料に係る源泉徴収税率（20.42％）は、ほとんどの場合は租税条約によって減免されます。しかし、B社の業務がA社の予約事務の単なる代行であれば、一般的にはA社がB社の無形資産を使用していることにはならないでしょう。

事例 **21** ◦ 消費者向け提供の昔と今

　内国法人 A 社は、平成 26 年以来 10 年間、国外事業者 B 社がインターネット上で運営する自社のサイトを通じて、電子書籍や電子画像等の著作物や、クラウド上の有料サービスの提供を受けてきた。これらのデジタル財やサービスはインターネット上で提供され、申込みにより誰でも利用できるものである。B 社は日本に事務所等はなく、登録国外事業者であった期間もなく、適格請求書発行事業者の登録もしていない。

　取引開始以来、B 社の請求書には消費税が記載されていないため、A 社は対価の額に 7.8/110（各年度における適正な税率を使用）を乗じた金額を「課税仕入れに係る消費税額」として仕入税額控除をしてきた。

　また、令和 5 年 10 月のインボイス制度導入後は、経過措置（いわゆる「免税事業者等からの仕入れに係る経過措置」）の適用があると考え、それまでの計算に基づく金額の 80 ％を仕入税額控除の対象としている。

　しかし、令和 6 年 2 月に A 社に税務調査があり、「B 社に対する支払いは、過去の分からすべて仕入税額控除の対象になりません」と指摘された。

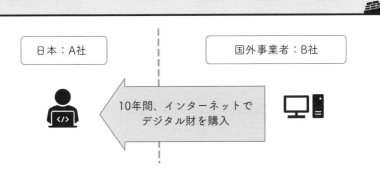

日本：A社　　　　　　　　国外事業者：B社

10年間、インターネットでデジタル財を購入

　A社がB社から受けるサービスは電気通信利用役務の提供に該当し、それは消費者でも利用できるものですので、A社は消費者向け提供を受けていることになります。

　事例の10年間の取引期間は、平成27年度の税制改正と令和5年10月のインボイス制度導入を境として、制度の異なる次の3つの期間に分かれます。消費者向け提供の対価と仕入税額控除との関係は、この3つの期間でそれぞれ異なりますので、期間ごとに課税関係を見ていきます。

時代	期間	適用になる制度
遠い過去	平成27年9月30日以前	電気通信利用役務の提供の制度導入前
近い過去	平成27年10月1日〜令和5年9月30日	電気通信利用役務の提供の制度導入からインボイス制度導入前までの期間
現在	令和5年10月1日以後	インボイス制度導入後（令和6年にプラットフォーム課税制度導入、令和7年4月1日以後適用開始）

（1）遠い過去：役務提供の原則で判定していた時代

　電気通信利用役務の提供に係る制度が導入される前の時代です。この期間は、インターネットを使ったデジタル財やサービスの提供取引は「役務提供地が明らかではない取引」として、役務提供の内外判定基準をそのまま適用していました。したがって、役務提供者であるB社の事務所の所在地で判定しますが、日本に事務所はないので国外取引（不課税）です。不課税取引では課税仕入れになりませんので、A社は仕入税額控除ができません。

　実際には、除斥期間（税務当局が更正・決定ができる期間制限）は原則として法定申告期限から5年間、偽りその他不正の行為の場合で7年間ですから（通法70①⑤）、令和6年の調査で平成27年以前の誤りを是

正されることはないでしょう。そうであっても、Ａ社が取引を国内における課税仕入れとしていた税務処理は誤りでした。

（2）近い過去：電気通信利用役務の提供の時代

　平成27年度の税制改正で、電気通信利用役務の提供の定義と専用の内外判定基準が導入された結果、内外判定がそれまでと180度変わりました。判定は役務の提供者であるＢ社ではなく、それを受けるＡ社の本店所在地で行いますので、事例の取引は国内（課税）取引になります。したがって、Ａ社の支払いは国内で行った課税仕入れの対価になりますから、仕入税額控除ができそうな気もしてきます。しかし、実はそれを阻む次のような規定がありました。

> 　課税仕入れのうち、国外事業者から受けた消費者向け電気通信利用役務の提供に係るものについては、当分の間、仕入税額控除は適用しない（平成27年改正消法附則38）。

　専用の内外判定基準を作って取引を課税対象にしても、納税義務者（Ｂ社）が国外にいるままでは、適正な申告納税はあまり期待できません。その上、Ｂ社から納税されない消費税がＡ社では仕入税額控除されてしまうことを防ぐために、買手側での仕入税額控除をできなくしていたのです。したがって、この期間のＡ社の税務処理も誤りでした。

　ただし、この取扱いには、当時は更なる例外がありました。もし、消費者向け提供をしたＢ社が「登録国外事業者」であれば、その対価に係る消費税額は仕入税額控除ができたのです。

　登録国外事業者とは、日本の課税事業者として登録を受けた国外事業者のことで、登録番号を記載した請求書で消費税を含めた請求をし、申告納税をします。そして、それを支払った事業者側では仕入税額控除ができました。

これは、現在のインボイス制度の仕組みとまったく同じです。国外事業者との間で行う消費者向け提供を受ける取引に関してだけは、インボイス制度と同様の仕組みが先取りで導入されていたわけです。

しかし、事例ではB社は登録国外事業者ではありませんでしたので、A社は仕入税額控除はできませんでした。

（3）現在：インボイス制度導入後の時代

登録国外事業者制度は、インボイス制度の導入とともに、適格請求書発行事業者の登録制度に一本化されて廃止になりました。このときに、令和5年9月1日の時点で登録国外事業者だった者は、自動的に10月1日から適格請求書発行事業者に登録されたとみなされています。

そして、インボイス制度の導入後です。現在の取扱いは単純で、消費者向け提供は一般的な国内での課税仕入れと同様に、「インボイスがあれば仕入税額控除できる」です。すなわち、A社が仕入税額控除できるかどうかは、B社が適格請求書発行事業者かどうかで決まります。

なお、上記（2）で「当分の間、仕入税額控除は適用しない」としていた平成27年改正消費税法附則第38条は、インボイス制度導入の令和5年10月1日から廃止されました。ということは、消費者向け提供は国内で行う課税仕入れですから、インボイスがなくとも、いわゆる「免税事業者等からの仕入れに係る経過措置」（平成28年改正消法附則52、53）が適用できるのでしょうか。そうであれば、B社の申告も認められるかもしれません。

しかし、この経過措置は適用できません。国外事業者から受ける消費者向け提供に関しては、それまで仕入税額控除ができないとしてきた趣旨（適格請求書発行事業者の登録のない国外事業者による申告納税が期待しにくい）を踏まえて、この経過措置の対象外とされています（平成30年改正消令附則24）。

さらに、令和6年度の税制改正では、消費者向け提供に関してプラッ

トフォーム課税制度が導入されました。これは、国外事業者が大手のデジタルプラットフォームを介して消費者向け提供をする一定の場合に、その役務提供をプラットフォーム事業者が行ったものとみなす制度です（**第2章Ⅳ7参照**）。事例のB社は自社サイトを使っていますので制度の対象にはなりませんが、もし対象になって特定プラットフォーム事業者のインボイスがA社に交付されれば、A社は初めて仕入税額控除ができることになります。この制度は、令和7年4月1日以後に国内で行われる消費者向け提供について適用されます。

　結果として、A社が10年間行ってきたB社からの課税仕入れは、すべて仕入税額控除の対象にならないものでした。制度が異なる期間ごとの内外判定と仕入税額控除の関係をまとめると、次のようになります。

事例の時代別・仕入税額控除の適用関係

時代	内外判定	仕入税額控除の適用
遠い過去	国外取引	なし：国内で行う課税仕入れに該当しない
近い過去	国内取引	なし：国内で行う課税仕入れに該当するが、当分の間は仕入税額控除できない（ただし、相手が登録国外事業者なら適用あり）
現　　在	国内取引	インボイスがあれば適用（経過措置の適用なし）

他税目の視点

➤ 消費者向け電気通信利用役務の提供に係る消費税の課税制度は時代とともに変わってきましたが、その主な理由は「国外事業者からの申告納税が期待しにくいこと」と、「納税されない消費税を国内の事業者が仕入税額控除するのを防ぐこと」です。消費税の制度が変わることによる法人税や源泉徴収に関する取扱いの変更等はありません。

事例**22** ● リバース・チャージ方式と「事業者向け」の表示義務

　不動産業を営む株式会社A社（適格請求書発行事業者、課税売上割合70％）は事業のために、国外事業者B社が運営する外国不動産関係のデータベースをインターネット上で利用する有料サービスを受けることになった。B社の定型化されたサービスは個人でも申し込めるが、A社は利用の方法や料金を個別に交渉し、自社向けにアレンジした契約を結んだ。なお、B社は適格請求書発行事業者ではない。

　A社の経理担当者は、取引は「消費者向け提供」に該当するから納税義務者はB社のままであり、さらにA社では仕入税額控除はできないものと考えた。

　しかし同僚から、取引は「事業者向け提供」に該当するので、リバース・チャージ方式によりA社に納税義務があるのではないかと問われた。

　経理担当者は、「リバース・チャージ方式の対象なら、消費税法第62条によって、B社はその旨をあらかじめ表示する義務がある。しかしそれはなかったので、事業者向けには当たらないのだろう。もしそれが誤っていてもA社の責任ではなく、税務調査で是正されることもないのではないか」と考えた。しかし、同僚は「それとこれとは別の話ではないか」と譲らない。

（1）事業者向け提供の判定

　B社のサービスは一般の消費者でも申し込めるので、A社の担当者は「消費者向け提供」と考えました。しかし、同僚の言うとおり、A社と

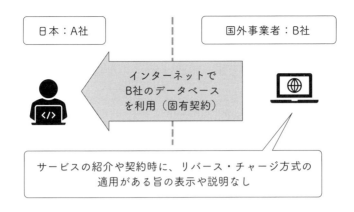

B 社の取引は事業者向け提供に該当します。

　事業者向け提供には、広告の配信やインターネット上のマーケットで商品の販売場所の提供を受けるサービスなど、その役務の性質から明らかに事業者向けに限られると判定できるものが該当します。しかしそれだけではなく、取引条件等から事業者向けに該当するとされるものもあります（消法 2 ①八の四）。

　例えば、当事者間でサービスの内容や条件等を個別に交渉して固有の契約を結ぶなど、契約の過程や内容からその事業者の事業に向けたサービスであることが明らかなものは、事業者向け提供に該当します。同僚は、事例の取引がこれに当たると考えたのでしょう。作業は少々面倒になりますが、具体的な契約内容や取引経緯等に基づいた、個別の判定も必要になる場合があるということです。

（2）消費者向けと事業者向けの納税義務の違い

　この取引は電気通信利用役務の提供に該当し、専用の内外判定基準（A 社の住所地）で国内取引になります。それが消費者向け提供に該当するならば、経理担当者の考えるとおり納税義務者は B 社のままです。B 社が適格請求書発行事業者でインボイスの交付があれば、A 社は胸を

張って仕入税額控除ができます。

　また、B社が適格請求書発行事業者でなければ、A社の課税仕入れは仕入税額控除の対象にならず、80％・50％の経過措置の対象にもなりません。

　一方、この取引が事業者向け提供に該当すれば、リバース・チャージ方式の対象になります。ただし、課税売上割合が95％以上の課税期間においては、この取引（特定課税仕入れ）はなかったことになりますので、課税も仕入税額控除も生じません。しかし、A社の課税売上割合は70％ですから、リバース・チャージ方式を適用する必要があります。

　A社の課税額は、B社への支払対価（税抜）に7.8/100を乗じた金額で、それは同時に仕入税額控除の対象になります。このとき、B社に支払う特定課税仕入れの額は、課税売上割合の計算上は分母にも分子にも算入されません（消法30⑥）。

（3）役務提供者の表示義務

　ここで、事業者向け電気通信利用役務の提供、すなわち「特定資産の譲渡等」を行う国外事業者（B社）は、自身が課税事業者か免税事業者かを問わず、あらかじめ特定課税仕入れを行う取引相手の国内事業者（A社）に対して、リバース・チャージ方式が適用される旨を表示する義務があります（消法62）。経理担当者は、これを知っていました。

　表示すべき文言の例としては、「日本の消費税は役務の提供を受けた事業者が納税することとなる」、あるいは「リバース・チャージ方式の対象になる」等です。

　表示の場所は、例えばインターネット上で事業内容を説明する場所や、発行するカタログ等の中など取引相手が容易に認識できる場所ですが、対面やメール連絡など、取引交渉の中で直接伝えることも考えられます。B社には、A社が自分に納税義務が課されることをあらかじめ認識できるような表示等をする、消費税法上の義務があるのです。

　ここまでは、経理担当者の言うとおりです。しかし、仮にB社がこの義務を履行しなくとも、A社の納税義務には影響しないことが、基本通達で示されています（消基通5-8-2（注））。この点は、同僚の指摘のとおりです。

　消費税法に売手側の表示義務が明記されてはいても、最終的な税務リスク回避のためには、事業者向け提供に該当するか否かを対価の支払者が自分で判断する必要があるということです。

◯ 他税目の視点

> リバース・チャージ方式が適用になる特定課税仕入れは、課税売上割合が95％以上の課税期間では「なかったもの」になりますが、これは消費税法だけのことで、それ以外の税法の適用上は、取引を認識しなくていいわけではありません。
> 他の継続的な役務提供を受ける場合と同様に、サービスに係る債務確定（損金計上）の時期や、原価と販管費の区別などに注意する必要があるでしょう。

Ⅴ 海外子会社と消費税

事例 23 ● 海外子会社が日本で商売するとき

　　株式会社Ａ社（令和5年10月から適格請求書発行事業者）は、X国に100％子会社のＢ社を有している。Ｂ社は設立10年目で12月決算、日本に事業所等はない。Ｂ社の主たる事業は、商品を日本親会社のＡ社から仕入れてX国内で販売することである。

　　その中で、Ｂ社の得意先であるX国法人Ｃ社は日本に営業所を有しており、Ｂ社がＡ社から仕入れてＣ社に販売した商品の一部は、Ａ社からＣ社の営業所に国内で直送している。

　　Ａ社はＢ社に対する売上げのすべてを輸出免税として申告する一方、Ｂ社は消費税の申告納税をしていなかった。

　　しかしＡ社の税務調査において、「Ｂ社に対する売上げのうちＣ社の日本の営業所への国内直送分は輸出免税ではなく、国内課税売上げになる」と指摘された。

　　さらに、「もしＢ社が免税事業者に該当しなければ、令和5年12月期の消費税の申告が必要になる」という指摘もあった。

　　この取引は令和4年から始まり、国内直送に係る売上げは右の表のとおりで、今後も取引が継続する見込みである。

Ｂ社からＣ社への売上げ（国内直送分）

（単位：万円）

年度	1〜6月	7〜12月	合計
令和3	0	0	0
令和4	3,000	1,000	4,000
令和5	2,000	2,500	4,500

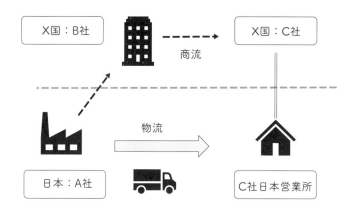

（1）各取引の内外判定

　まず、A社が商品をX国子会社のB社ではなくC社の日本営業所に直送する取引は、B社への譲渡が行われる時に商品が国内に所在しているので、国内における課税資産の譲渡に該当して課税対象になります（消法4③一）。

　そして、商品はA社による通関手続きが行われておらず、関税法上の輸出に該当しませんので、A社は輸出免税を受けられません。調査官の最初の指摘はこの部分です。なお、A社は令和5年10月以降は適格請求書発行事業者ですが、B社が免税事業者であれば、インボイスを交付する義務はありません（消法57の4①）。

　次に、X国B社から見た課税関係です。A社から仕入れた商品のうちの国内直送分は、C社に譲渡する時に国内にあります。これは国内（課税）取引に該当しますので、B社は免税事業者に該当しない限り消費税を申告納税する義務が生じます。もし、令和5年10月以降にB社が適格請求書発行事業者になれば、B社はC社から求められればインボイスを交付する義務があります。

　B社の消費税申告に当たっては、A社に支払った国内直送分に係る消費税額は、国内の課税仕入れに係るものとしてA社からのインボイス交付と保存を条件に、仕入税額控除の対象になります（消法30①）。この

他にも、この取引との関連の有無を問わず、B社が日本国内で行った課税仕入れ（例えば、倉庫代や運送費等）があれば、インボイスの保存を条件として仕入税額控除の対象になります。一方、この取引に関連する支払いであっても、国外取引に該当するものは仕入税額控除の対象にはなりません。

（2）外国法人B社の納税義務の判定

国内で課税資産の譲渡等をした事業者の納税義務（免税事業者）の判定方法は、基本的には外国法人（国外事業者）と内国法人で違いはありません。外国法人であるB社の納税義務も、課税期間に係る基準期間と特定期間の課税売上高等で判定します。

また、外国法人であっても、新設法人（消法12の2）や特定新規設立法人（消法12の3）に係る納税義務の免除の特例の適用（基準期間がない法人であっても免税事業者になれない場合）があります。しかしB社は10年前の設立で、事例の取引をした課税期間の基準期間もありますから、基準期間と特定期間で納税義務を判定することになります。

（3）令和6年度改正で外国法人の免税事業者判定が厳格化

B社の令和4年度と5年度における免税事業者の判定方法は上記のとおりですが、令和6年度の税制改正で、新たに国内で事業（課税資産の譲渡等）を開始した外国法人に係る免税事業者の判定方法が厳しくなりました。

B社のように新設ではない（基準期間がある）外国法人であっても、国内で事業を開始した事業年度より前には基準期間はないものとみなして免税事業者の判定をする、という改正です（消法12の2③、12の3⑤）。

これによって、国内で新たに事業を開始した外国法人は、基準期間があっても新設法人と同様に、資本金の額が1,000万円以上であれば免税

事業者にはならず（消法 12 の 2 ①）、1,000 万円未満でも課税売上高が 5 億円又は全世界の総収入金額が 50 億円を超える者に支配されている場合には、免税事業者にならない（消法 12 の 3 ①）こととされました（**第 3 章Ⅷ**参照）。

　この改正は、令和 6 年 10 月 1 日以後に開始する事業年度から適用されます（**第 3 章Ⅷ 3（2）**参照）。

（4）B 社の基準期間と特定期間の課税売上高

　B 社は、令和 5 課税期間の基準期間である令和 3 事業年度には国内取引がなく、課税売上高が 1,000 万円以下ですので、基準期間による判定では免税事業者となります（消法 9 ①）。

　次に、特定期間（令和 4 年 1 月〜6 月）による判定です。特定期間の課税売上高が 1,000 万円を超える場合は、基準期間の判定で免税事業者になっていてもその適用がなくなり、課税事業者となります。

　ここで、特定期間の B 社の課税売上高（3,000 万円）は 1,000 万円を超えていますので、基準期間による免税事業者の判定が取り消されて、課税事業者になります（消法 9 の 2 ①）。そうであれば、B 社は令和 5 課税期間の国内取引を申告納税する必要があります。

　ただし、令和 6 年 9 月 30 日までに開始する課税期間であれば、特定期間の判定を課税売上高に代えて「給与の支払額」で行うことができます（消法 9 の 2 ③）。この点については、次の事例で整理します。

◯ 他税目の視点

　➤　外国法人（例えば海外子会社）は、日本で稼得した事業の収入については、日本に恒久的施設（PE）を有していてそこに帰属するものでなければ、原則として法人税は課税されません。これに対して消費税では、事業者が国内で資産の譲渡等を行う限りは、それが内国法人でも外国法人でも、PE があっ

てもなくても納税義務が生じます。ここが、消費税が法人税や所得税と大きく異なる点です。

➤ しかし、令和 6 年度の税制改正で、令和 6 年 10 月 1 日以後に開始する課税期間において、国外事業者が簡易課税制度又はインボイス導入に伴う経過措置の 2 割特例を適用する場合には、その課税期間の初日において国内に所得税法又は法人税法に定める恒久的施設（PE）を有していることが要件とされました（第 3 章Ⅷ参照）。

➤ PE を有していれば、その帰属所得について、必ず確定申告をしなければなりません。したがって、この改正を所得税や法人税の観点から言い換えれば、「日本で所得の確定申告をしない非居住者や外国法人は、消費税の簡易課税制度や 2 割特例は適用できない」ということになります。

消費税法にも「国内の事務所」等の概念がありますが、国外事業者の定義が「所得税法上の非居住者（である個人事業者）及び法人税法上の外国法人」（消法 2 ①四の二）ですので、非居住者や外国法人が、居住者や内国法人等と同様の申告納税義務を有する場合にだけ簡易課税制度や 2 割特例を認めることとして、バランスを取ったものでしょう。

事例 24 ● 海外子会社の特定期間の給与支払額

事例 23 と同様の取引において、Ｘ国Ｂ社を子会社に持つ株式会社Ａ社は、令和 2 年以降、Ｂ社から常時数人の出向社員（日本の居住者となる）を受け入れている。出向者に対する給与はＡ社が日本で支払っており、年末調整もしている。

これに対してＢ社は、Ａ社が日本で出向社員に支払う給与の一部を給与負担金としてＡ社に支払っており、令和 4 年の 1 月～6 月分（令和 5 課税期間の特定期間）における給与負担金の合計額は 1,300 万円であった。

なお、Ｂ社からの出向社員は、Ｃ社との取引には全く関与していない。

Ｂ社は、特定期間の課税売上高が 1,000 万円を超えており、さらに特定期間における上記の給与負担金も 1,000 万円を超えていることから、令和 5 課税期間は課税事業になると考えている。

（1）特定期間の給与等

事例 23 と同じ取引状況での、海外子会社Ｂ社の納税義務判定のケースです。

Ｂ社は、令和 5 課税期間について、その基準期間による判定では免税事業者ですが、特定期間の課税売上高が 3,000 万円と、1,000 万円を超えているために免税事業者ではなくなります。

ここでＢ社は、特定期間の判定において、Ｂ社が支払った給与等の金額を課税売上高とすることができます（消法 9 の 2 ③）。とはいえ、Ｂ社がＡ社に支払う特定期間中の給与負担金も、1,000 万円を超えています。

　しかし、以下（**2**）（**3**）のとおり、B社がA社に支払う給与負担金は、「特定期間中に支払う給与等の金額」には含まれないと考えられます。したがって、B社が特定期間の判定を給与等の支給額で行えば、基準期間の判定による免税事業者という結果が取り消されることはなく、令和5課税期間もB社は免税事業者のままとなります。

　ただし、特定期間の判定を課税売上高に代えて給与支払額で行うことができるのは、令和6年9月30日までに開始する課税期間までです。令和6年度税制改正により、令和6年10月1日以後に開始する事業年度からは、国外事業者は給与支払額による判定ができなくなります（消法9の2③、令和6年改正消法附則13①）。B社は12月決算ですから、令和7年1月に開始される事業年度からは給与支払額による判定ができなくなりますので、十分な注意が必要です。

（2）特定期間における給与等の金額とは

　課税売上高とすることができる給与等の金額とは、特定期間中に支払った「所得税法第231条第1項……に規定する支払明細書に記載すべき同項の給与等の金額に相当するものとして財務省令（消規11の2）で定めるものの合計額」です（消法9の2③）。

　消費税法施行規則第11条の2は、「財務省令で定めるものは、所得税法施行規則第100条第1項第1号に規定する給与等の金額とする」としています。また、所得税法第231条第1項には、「居住者に対し国内において給与等……の支払をする者は、財務省令（所規100）で定めるところにより、……その給与等……の金額その他必要な事項を記載した支払明細書を、その支払を受ける者に交付しなければならない」とされています。

　これらの規定から、この給与等の金額とは、「居住者に対して国内で支払われる給与明細書が交付される給与等」となります。したがって、B社はそのような給与を支払っていれば、その合計額を特定期間の課税

売上高とすることができます。

（3）給与等の支払者は給与明細書を交付する者

　B社からA社への出向者は日本の居住者に該当し、A社が給与を支払って年末調整もしていますので、A社が支払明細書（給与明細書）も交付していると考えられます。ということは、出向者への給与等の支払者は給与明細書を交付するA社であって、B社ではありません。

　したがって、出向者に支払う給与の一部をB社がA社に補填していたとしても、その給与負担金の金額は、B社自身の特定期間の判定に使える給与等の額には含まれません。

　B社に「居住者に国内で給与明細書を交付して支払う給与」がなければ、特定期間の課税売上高とすることができる給与等の額はゼロですから、基準期間による免税事業者の判定が特定期間の判定で覆ることはなく、B社は令和5課税期間は免税事業者になります。

　なお、この給与等の金額には所得税が課税される給与や賞与等が該当し、旅費などの非課税の手当や未払いの額は含まれません（消基通1-5-23）。

♀ 他税目の視点

➤　事例とは逆に、親会社が海外子会社に出向させた社員の給与の一部を負担することも多いでしょう。この負担額は、法人税法では格差補填金（法基通9-2-45～47）として出向元法人の損金の額に算入することが可能ですが、日本側での負担額が大きすぎると、損金性が問題になる可能性があります。

➤　日本側の負担が過大とされた場合には、過大な部分に対して寄附金の損金不算入という指摘が想定されます。国外関連者に対する寄附金は、その全額が損金不算入になります（措法

66 の 4 ③)。

➤ 出向者給与の一部を出向元が負担すること自体は問題ありま
せんが、いくら負担してもすべて損金になるわけではありま
せん。負担額については、現地国で同じレベルの業務を行う
社員の給与水準等との比較を前提にした合理的な金額を出向
契約等であらかじめ決めておくなど、事前の慎重な対応が必
要になります。

事例**25** ◦ 海外子会社への企業グループ内役務提供と消費税

　株式会社Ｐ社（機械部品の製造業）は、Ｘ国に100％出資の子会社Ｓ社（製造業）を有している。Ｓ社は新型製造設備を導入したが操作に不慣れなため、Ｐ社は自社の技術者をＳ社に2週間出張させて、設備の据付けから調整、運転、保守等の指導や支援を行った。

　また、次の年度にもＳ社に対して同様の支援の必要が生じたが、Ｓ社への出張はせず、インターネットを通じたリモート方式で前年と同じ内容の支援を行った。この際、テレビ会議システムの使用の他に、Ｓ社に対してＰ社作成の電子データ化されたマニュアル等の資料や、Ｐ社に著作権がある映像や画像を提供した。

　Ｐ社はＳ社から支援の対価を受領しているが、Ｐ社の税務担当者は、リモートで行った支援の取引が輸出免税に該当するか、それとも電気通信利用役務の提供に該当するか（国外取引になるか）について悩んでいる。

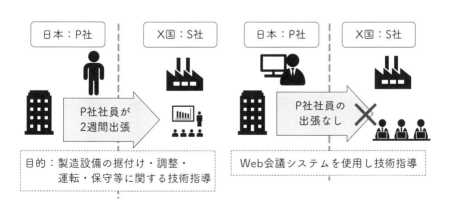

（1）出張は不課税、リモートは輸出免税

親会社が海外子会社に自社の社員を出張させて業務のサポート（役務提供）を行うことは、子会社を持つ親会社としてはよくあることと思います。

S社に出張して行った役務は国外で提供されていますから、P社とS社の取引は国外取引で不課税になります（消法4③二）。したがって、P社はS社に消費税を上乗せして対価を請求する必要はありません。

一方、ZoomやTeams等のテレビ会議システムを通じた役務提供の場所は、役務を提供したP社社員のいる国内です。あるいは、「役務提供の場所が明確ではないもの」（消令6②六）に該当する場合には「役務提供に係る事務所等の所在地」での判定になります。いずれにしても、事例では国内（課税）取引になるでしょう。

そして、S社は消費税法上の非居住者ですから、P社のS社に対する国内での役務提供は、輸出類似取引として輸出免税の対象になります。したがって、この場合でもP社はS社に消費税を請求する必要はありません。

しかし、もしオンラインのサポートが通常の役務提供ではなく、電気通信利用役務の提供に該当するとすれば、内外判定は提供を受ける者（S社）の住所地で行いますので（消法4③三）、国外取引で不課税になります。

不課税でも輸出免税でも、S社に消費税を請求する必要がないのは同じですが、両者では課税売上割合の計算が変わってきます。P社の税務担当者が悩んでいるのは、この点でしょう。

（2）電気通信利用役務の提供に当たるか

オンラインでのサポートでは、P社はS社に電子データ化された資料や、自社に著作権のある映像や画像を提供しました。これは、電気通信利用役務の提供の定義にいう「電気通信回線を介して行われる著作物

……の提供……その他の電気通信回線を介して行われる役務の提供」
（消法2①八の三）に該当するようにも見えます。

　しかし、電気通信利用役務の提供の該当性の判定においては、定義に
ある「付随して行われる役務」に当たるかどうかの判定が重要です。定
義の条文の後半では、「他の資産の譲渡等に付随して行われる役務の提
供」は、電気通信利用役務の提供に該当しないとされているからです。

（3）他の資産の譲渡等に付随して行われる場合

　事例の役務提供の本来の目的は、親会社が子会社に対して行う製造設
備の運転や保守等の技術指導です。電気通信回線はその目的を達成する
ために「付随して利用されている」だけだと考えられます。

　経営指導や業務研修などは、電気通信利用役務の提供とは異なる「他
の資産の譲渡等」です。Zoom や Teams 等が、そのための単なる手段
として使われるのであれば、そのような電気通信回線の使用は、「他の
資産の譲渡等（経営指導や研修等という役務提供）に付随して行われる
もの」に該当すると考えられます。

　したがって、役務提供が国内で行われる場合には国内取引に該当し、
その上で非居住者に対する提供であれば輸出免税の対象になるでしょ
う。

（4）移転価格課税の対象になる IGS と消費税

　グループ企業間で役務提供を行うことは、業務の効率化やコスト削減
のために広く行われています。これらは移転価格税制の対象になる役務
提供とされていて、国税庁のホームページで公開されている「移転価格
事務運営要領」の 3-10 には、典型的な企業グループ内役務提供（In-
tra-Group Service：以下「IGS」という）となる業務が列挙されていま
す。

　IGS の内容は、本来は子会社等が行うべき業務をグループ内の他社が

代わりに行ったり、特定のグループ会社が集中的に行ったりするものです。すなわち、あるグループ企業に「もともと自分で行うべき業務」があって、それをグループ内の他社が行うのですから、そこでインターネットが使われても、その業務を行うための付随的な利用に止まるでしょう。

　したがって、IGS に該当する海外子会社（国外関連者）への役務提供は、基本的には電気通信利用役務の提供には該当しないものが多いと考えられます。

◯ 他税目の視点

➢ 海外子会社等に対する役務提供の対価（独立企業間価格：ALP）の算定は、法人税法（移転価格税制）上の大きな問題です。企業グループが行う本来の事業としての取引はもとより、事例のような低付加価値の企業グループ内役務提供（IGS）も税務調査の対象になります。IGS において適正な対価が収受されているかどうかを目的とする調査は、中堅規模の法人の通常の法人税調査の中でも行われ、「簡易な移転価格調査」などと呼ばれます。

➢ 事例では、親会社 P 社は海外子会社 S 社から IGS の対価を受領しています。だからこそ消費税が問題になるので、もし対価を受領していなければ、消費税の課税問題は生じません。消費税の課税対象は、「対価を得て行われる」取引で、課税標準は対価の額だからです。

➢ 対価を得ていない場合や、その対価が ALP よりも低い場合には、移転価格税制上の問題になります。ALP は法定の計算方法で算定するのですが、IGS で収受すべき ALP の計算方法に

は、役務提供のためのコストを積み重ねる簡易な方法も使われます。この場合には、IGS の対価の ALP は、総原価（役務提供に係る直接費＋間接費）そのもの（利益を見込まない金額）や、利益を 5 ％と割り切って、総原価の 105 ％相当額が使われます（移転価格事務運営要領 3-11）。

➤ 本格的な移転価格調査は、一般的には相当大規模の法人が対象になると思われます。しかし、簡易な移転価格調査は、中堅企業が海外に 1 社でも子会社等を有していて、そこに対して業務支援を行っただけでも調査の対象になり得ます。

➤ 海外子会社に対する役務提供の対価に係る法人税法の問題は、実際に出張して行ったものでも、リモートで行ったものでも、基本的には違いはありません。
また、子会社に対する業務支援であっても、取引の事実関係によっては移転価格税制ではなく寄附金の損金不算入の対象になる場合もあります。海外子会社との役務提供取引は、法人税法上も要注意取引です。

事例26 ● 外国法人とインボイス経過措置

> 外国法人Ｆ社（日本に事務所等はない）は、国内（課税）取引
> を行っているが、課税売上高が事業年度を通じて1,000万円を超
> えたことがなく、免税事業者であった。しかし、インボイス制度の
> 導入後、国内における得意先である内国法人Ｄ社から、「Ｆ社は適
> 格請求書発行事業者の登録をしないのか」と尋ねられた。
>
> 　Ｆ社自身は、免税事業者でいれば申告納税の手間もなく楽である
> が、Ｄ社側で仕入税額控除ができないと取引価格の見直しを求め
> られる可能性があるため、登録申請やその後の申告方法、使用でき
> る経過措置等について検討を余儀なくされている。

（1）適格請求書発行事業者の登録申請

　適格請求書発行事業者の登録申請は、基本的には国外事業者も国内事
業者も同じです。ただし、国内に事務所等を有していない国外事業者
（特定国外事業者：消法57の2⑤二）の場合は、適格請求書発行事業者の
登録申請に当たって、納税管理人（通法117）と税務代理人（通法74の
9③二）を定めることが要件になっています。

　国内に拠点を持たない事業者に対して適切な申告納税を確保する措置
で、内国法人に比べればこの点が負担になります。要件が満たされない
場合は登録の拒否事由（消法57の2⑤二イ、ロ）になり、登録後であっ
ても取消事由に該当します（消法57の2⑥）。

　納税管理人は、国内に事務所等を持たない外国法人が国税に関する事
務を行う必要がある場合に、日本に住所又は居所を有する者から定めて
届け出るものです。連絡窓口的な立場ですので、資格や法人・個人を問
いません。これに対して、税務代理人は税理士又は税理士法人であるこ

とが必要です。

（2）F 社の選択肢

インボイス制度の下では、最も重要な納税者の区別は「適格請求書発行事業者か否か」です。登録することで課税事業者と免税事業者を明確に分けて、消費税の適切な転嫁を行う（消費税の納税と仕入税額控除を一致させて益税を防ぐ）ためです。

F 社の国内（課税）取引が今後も年間 1,000 万円（税込）を超えなければ、基本的には免税事業者です。しかし、取引先の D 社からすれば仕入税額控除ができないので、取引の継続を考えれば、F 社は適格請求書発行事業者の選択を検討する必要があるでしょう。

登録すれば、その後の申告納税においては、経過措置の 2 割特例の適用や簡易課税制度の適用などが選択肢になるでしょう。しかし、令和 6 年 10 月 1 日以後に開始する課税期間からは、その期間の初日において日本に恒久的施設を有していなければ、これらの制度は適用できなくなりますので、十分な注意が必要です。

（3）2 割特例

2 割特例（平成 28 年改正消法附則 51 の 2 ①②）とは、控除する仕入税額を課税取引に係る消費税の 8 割とみなす方法で、簡易課税制度に酷似していますが、事前の届出は不要で使いやすい制度です。令和 8 年 9 月 30 日までの日の属する課税期間で適用できます。

ただし、基準期間の課税売上高が 1,000 万円を超える課税期間については適用されませんので、「登録さえしなければ免税事業者だった課税期間か否か」を忘れずに確認しておく必要があります。また、簡易課税制度との選択適用も可能です。

（4）簡易課税制度

　F社は課税売上高がずっと1,000万円以下ですから、令和6年9月30日以前に開始する課税期間においては、日本に恒久的施設を有していなくとも簡易課税制度が使えます。令和6年10月1日以後に開始する課税期間では、その初日に恒久的施設を有している課税期間であれば使うことができます。なお、課税期間の初日に恒久的施設を有していない国外事業者であっても、将来の適用のために簡易課税制度選択届出書を提出しておくことはできます（消基通13-1-4）。

　簡易課税制度を適用するには、原則として、適用したい課税期間の開始の日の前日までに消費税簡易課税制度選択届出書を提出する必要があります。しかし、インボイス制度の経過措置として、免税事業者が令和5年10月1日から令和11年9月30日までの日の属する課税期間に適格請求書発行事業者になる場合には、その課税期間中に届出書を提出すれば、その課税期間から適用が受けられることとされています。さらに、2割特例を受けた次の課税期間から簡易課税制度の適用を受けたい場合にも、その受けたい課税期間中に届出をすれば適用が受けられます。

　また、F社の事業内容が卸売業（みなし仕入率90％）である場合には、2割特例よりも簡易課税制度を優先させる方が納税額で有利と考えられます。

　なお、簡易課税制度の適用をやめるための届出は適用後2年を経過しないとできませんので、注意が必要です。

（5）D社が適用する経過措置

　D社側では、F社が免税事業者であれば、令和8年9月30日までは仕入税額相当額の8割を、さらに令和11年9月30日までは5割を、仕入税額控除の対象にすることができます（平成28年改正消法附則52、53）。

　したがって、F 社が免税事業者のままであることを D 社が承知の上で経過措置を適用すれば、D 社側で負担増となるのは当面は仕入税額の約 2 割、その後は約 5 割となります。

　なお、事例の F 社との取引金額では該当しませんが、令和 6 年度の改正で、この経過措置が適用できる金額の上限が一の事業者の単位で年間 10 億円以下とされ、それを超える部分については経過措置の適用はできないことになりました。この改正は、令和 6 年 10 月 1 日以後に開始する課税期間から適用されます。

○ 他税目の視点

➤ 消費税では、事業者の住所や登記した国で課税の範囲や納税義務が大きく変わることはありません。事例の D 社にしてみれば、むしろ重要な点は、取引相手の F 社が適格請求書発行事業者か否かです。

➤ 所得税では「納税者が居住者か非居住者か」、法人税では「内国法人か外国法人か」によって、課税の範囲や申告納税の方法、手順などが非常に大きく異なります。

➤ 対価を支払う場合にも、取引相手が非居住者や外国法人であるかどうかによって、源泉徴収義務が大きく違ってきます。非居住者や外国法人に対する源泉徴収は、国内法だけでなく租税条約の確認も必須になります。源泉徴収を誤ると、支払者自身が負担せざるを得ない場合も多くなりますので、源泉徴収にも注意が必要です。

Ⅵ 小規模事業者の海外取引

事例 **27** ● 外貨建取引で取引相手のインボイスと 税額が合わない？

　株式会社Ａ社（仕入税額は帳簿積上げ計算）は、内国法人Ｂ社と外貨建取引を行っているが、Ｂ社から交付を受けたインボイスに円貨で記載されている消費税額は、両社の為替換算レートの違いから、Ａ社で記帳する消費税額とかなりの違いがあった。Ａ社の経理担当者はいずれのレートを採用するべきか、又は両社の社内レートが異なっているために円貨の消費税額が両社で異なっていても問題はないのか、疑問を持っている。

（1）消費税における円換算

　消費税における外貨建取引の場合の資産の譲渡等の対価の額は、所得税又は法人税の課税所得金額の計算において、売上金額その他の収入金額を円換算する方法によるものとされています（消基通 10-1-7）。所得税・法人税の取扱いは、それぞれの基本通達に示されています（所基通 57 の 3-1〜57 の 3-7、法基通 13 の 2-1-1〜13 の 2-2-18）。

　所得税や法人税の取扱いに合わせなければいけませんので、この点で消費税独自の取扱いはありません。むしろ両者が異なると、実務がたいへんなことになるでしょう。

　法人税では、発生時の円換算は、取引日の対顧客直物電信売相場（TTS）と対顧客直物電信買相場（TTB）の仲値（TTM）によるとされています（法基通 13 の 2-1-2）。ただし、継続適用を条件として、売

上げその他の収益については取引日の TTB、仕入れその他の費用については TTS によることができます。

　これが原則ですが、継続適用を条件として、合理的と認められるレート（社内レート）を使用することもできます。例えば、取引日の属する月や週の前月や前週の末日のレート、あるいは当月や当週の初日のレートなどです。また、前月や前週など 1 か月以内の一定期間におけるレートの平均値も可能です（法基通 13 の 2-1-2（注））。したがって、消費税もこれらにより換算された円貨で計算することになります。

（2）違うのは当然

　TTM を参照する主力金融機関の公表レートや、基本通達の範囲内での社内レートは企業によって異なりますから、むしろ換算レートが他社とぴったり一致する方が珍しいでしょう。

　そもそも取引が外貨建てなのですから、取引当事者間で金額の認識が一致しているのは外貨建ての売買金額です。A・B 両社の換算レートが違う以上、法人税の課税所得金額の計算上も、相手の売上金額と当方の仕入金額は、円貨では異なってきます。

　会社ごとに換算レートが異なることが通達で認められているのですから、B 社のインボイスに記載されている円貨の消費税額が、当社の社内レートを使って換算した結果の消費税額と一致しないのは当然です。

　そうするとあとは、仕入税額の計算にどちらの金額を使うかということですが、これは仕入税額の計算のために採用する方法、すなわち積上げ計算方式（請求書等積上げ計算又は帳簿積上げ計算）か、割戻し計算方式かによって異なります。

　A 社は帳簿積上げ計算（消令 46 ②）ですので、課税仕入れに係る支払対価の額に 10/110 を乗じた金額を帳簿に記載している場合には、それらを合計した金額の 78/100 を課税仕入れに係る消費税額とすることができます。

（3）積上げ計算による場合と割戻し計算による場合

　外貨建取引の場合、円換算を課税仕入れの対価のところで行うか、消費税額まで外貨で計算したところで行うかは選択可能です。いずれにしても A 社が使用しているレートで換算しますので、B 社のインボイスに記載されている円貨の消費税額とは異なってくるでしょう。

　帳簿積上げ計算は、原則である請求書等積上げ計算に対して、インボイス制度導入以前の実務でも認められてきたことから、例外的に認められた計算方法とされています。自社の帳簿計上額を基礎にして計算する方法ですので、A 社は自社レートによる換算額に基づいて仕入税額を計算することになります。

　なお、請求書等積上げ計算（消令46①）の場合には、B 社のインボイスに記載されている円貨の消費税額を積み上げていきますので、合計額は A 社の帳簿上の仮払消費税額と異なってきます。A 社側に生じる差額は、収入又は費用に計上することになるでしょう。

　また、特例的な割戻し計算（売上税額を割戻し計算する場合に限る：消令46③）の場合には、課税期間中の課税仕入れの支払対価の額（税率ごとに区分）の合計額に基づいて仕入税額を算出しますので、外貨建取引は自社レートで換算して帳簿に記載された金額が仕入税額計算の基礎となります。

⚪ 他税目の視点

> ➤ 外貨建取引の円換算には消費税独自の規定はありませんが、法人税等では原則的な換算方法の他に、為替予約等で円換算額が確定している場合の取扱いや、外貨建て有価証券の換算方法などに細かい規定があります。企業会計と税法で異なる点もありますので、注意が必要です。

事例 **28** ○ 小規模事業者とインボイス経過措置

　　小規模企業の合同会社 A 社（サービス業、12 月決算）は、令和
6 年 1 月 1 日から適格請求書発行事業者となった。それ以前はずっ
と免税事業者で消費税の申告納税をしていなかったが、令和 6 年
12 月期は 2 割特例を適用して申告納税した。

　　A 社は令和 7 年 12 月期の申告に当たり、その基準期間（令和 5
年 12 月期）の課税売上高について、「輸出は免税だから課税売上
高に含まれないだろう。基準期間の課税売上高は 950 万円だ」と
考え、前年と同様に 2 割特例で申告納税した。

　　しかし、その後税務署から、「令和 7 年 12 月期は 2 割特例の適
用ができません」という指摘を受けた。

A 社の課税売上高の推移　　【税抜・単位：万円】

	国内の 課税売上げ	輸出免税 該当売上げ	売上合計
令和 4/12 期	800	50	850
令和 5/12 期	950	100	1,050
令和 6/12 期	850	100	950
令和 7/12 期	900	50	950
令和 8/12 期	750	150	900

（1）2割特例を使える年度と使えない年度がある

　これは、令和8年以降に生じるかもしれない想定事例です。

　2割特例が適用できる課税期間は、令和5年10月1日〜令和8年9月30日の日の属する課税期間となっています。A社は令和6年1月から適格請求書発行事業者ですので、適用できる可能性があるのは令和6年12月期〜令和8年12月期の3期分の申告になります。しかし、その3期分の中で基準期間の課税売上高が1,000万円を超える課税期間、すなわち「適格請求書発行事業者にならなくとも、もともと免税事業者に該当しなかった課税期間」については適用できません。

（2）輸出は「課税売上げ」だからこそ免税になる

　A社は令和7年12月期において、その基準期間である令和5年12月期の輸出免税以外の課税売上高が950万円だったので、「事業者登録しなければ免税事業者だったのだから2割特例が使える」と考えました。

　ここで、免税事業者の判定における基準期間の課税売上高とは、「基準期間中に国内において行った課税資産の譲渡等の対価の額」のことです（消法9②）。そして、輸出免税が適用される取引とは、「国内において行う課税資産の譲渡等であって輸出に該当するもの」です（消法7①）。ということは、輸出免税になる売上げとは、いわば「税率ゼロの国内課税売上高」ということで、基準期間の課税売上高の中には、輸出免税となる売上高も含まれます。

　したがって、A社の令和7年12月期の基準期間（令和5年12月期）の課税売上高は、輸出免税も含めた1,050万円（税抜）です。これが1,000万円を超えているので、A社は令和6年から適格請求書発行事業者にならなかったとしても令和7年12月期は課税事業者になりますので、令和7年度は2割特例の適用ができないことになります。

　申告書付表を見て行けば、輸出免税売上げも課税資産の譲渡等に含まれることが分かりますが、A社は申告したことがありませんでした。

（3）簡易課税制度の届出期限に関する経過措置

　ところで、もしA社が令和7年12月期が終わる前に2割特例が使えないことに気付いていれば、別の経過措置を使う余地がありました。簡易課税制度の届出期限の緩和措置です。A社はサービス業ですから、簡易課税制度でのみなし仕入率は50％です。2割特例ほど有利ではありませんが、本則課税との比較で選択肢の1つです。

　まず、A社は基準期間（令和5年12月期）の課税売上高が5,000万円以下でしたので、令和7年12月期は簡易課税制度が適用できます。簡易課税制度は、原則としては適用を受けようとする課税期間の開始の日の前日までに、「消費税簡易課税制度選択届出書」を提出しなければなりません。

　しかし、2割特例の適用を受けた事業者が、その次の課税期間から簡易課税制度に切り替えたい場合には、適用を受けたい課税期間中に届出をすれば、その課税期間の開始の日の前日までに提出されたものとみなされます（平成28年改正消法附則51の2⑥）。令和6年12月期に2割特例を受けたA社が、令和7年12月期から簡易課税制度に切り替えたい場合には、令和7年12月中までに届出を出せばいいということです。

　さらに、簡易課税制度の届出期限の緩和措置はもう1つあります。

　免税事業者が令和5年10月1日〜令和11年9月30日の日の属する課税期間に適格請求書発行事業者となる場合には、登録日の属する課税期間中に届出書を出せば、登録初年度の課税期間から簡易課税制度の適用を受けられます（平成28年改正消法附則44④。平成30年改正消令附則18）。

　免税事業者だったA社が、もし登録初年度（令和6年度）から2割特例ではなく簡易課税制度を選択しようとすれば、令和6年中に届出書を出せばいいということです。もし事業が卸売業（みなし仕入率90％）であれば、2割特例よりも簡易課税制度の方が有利になります。

事例**29** ○ 少額特例と消費者向け電気通信利用役務の提供

> 　株式会社Ａ社（適格請求書発行事業者、12月決算）は、令和6年12月期に、インターネットを通じて国外事業者から、申し込めば誰でも買える少額（税込1万円未満）の電子書籍やソフトウエアを複数回購入した。購入先からはインボイスの交付はない。
>
> 　Ａ社の基準期間（令和4年12月期）の課税売上高は3億円であったが、特定期間（令和5年1〜6月）は取引が急激に減少して4,500万円であった。
>
> 　Ａ社の経理担当者は、インターネットを通じた海外からの商品購入について、インボイスがないために消費税の処理を何もしていなかった。しかし社内から、「仕入税額控除の対象になるのではないか」という声が上がった。

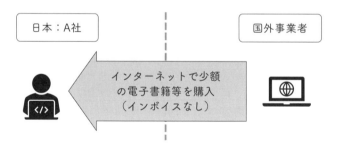

（1）少額特例の適用要件

　インボイス制度の導入に伴う経過措置の1つである「少額特例」は、小規模事業者に対する事務負担の軽減措置として定められています。

　内容は、令和5年10月1日〜令和11年9月30日の間に、国内にお

いて行う税込 1 万円未満の課税仕入れは、インボイスの保存がなくとも仕入税額控除ができるというものです（平成 28 年改正消法附則 53 の 2、平成 30 年改正消令附則 24 の 2）。

　この経過措置は、次の①又は②のいずれかの課税期間に国内で行う課税仕入れに限って、適用することができます。

①　その基準期間における課税売上高が 1 億円以下である課税期間

②　その特定期間における課税売上高が 5,000 万円以下である課税期間

　基準期間と特定期間を使って判定するので免税事業者の判定と似ていますが、実は異なっていて、仮に基準期間の課税売上高が 1 億円を超えていても、特定期間の課税売上高が 5,000 万円以下であれば適用できます。ただし、特定期間の判定を給与支払額で行うことはできません。

（2）特定期間だけの要件クリアでも OK

　A 社の令和 6 年 12 月期の基準期間の課税売上高は 3 億円と、1 億円を超えています。しかし、特定期間の課税売上高は 5,000 万円以下ですので、令和 6 年 12 月期の課税期間に行った国内における課税仕入れで税込 1 万円未満のものについては、この経過措置が適用できます。

　事例の取引は消費者向け電気通信利用役務の提供に該当します。内外判定は専用基準の「役務の提供を受ける者の住所」で行いますので、国内で行う課税仕入れに該当します。したがって A 社は、税込 1 万円未満の電子書籍等の課税仕入れについて、インボイスの保存がなくとも、帳簿の記載だけで仕入税額控除の対象とすることができます。

（3）適用の要領

　少額特例は、取引先が適格請求書発行事業者でなくとも適用され、帳簿に「少額特例の適用がある旨」の記載も必要ありません。

　また、この「1 万円未満」とは、「1 回の取引の課税仕入れに係る金額

（税込）」のことであって、1 個の商品ごとの金額ではありません。9,000
円の商品を 10 個まとめた仕入れには、適用されないということです。
この考え方は、「公共交通機関特例における 3 万円未満の旅客の運送」
の判定（消基通 1-8-12）と同じで、一般的には取引ごとに受領する納品
書や請求書等の単位で判定することが考えられます。

　なお、重要な経過措置である「適格請求書発行事業者以外の者から
行った課税仕入れに係る 80 ％・50 ％控除」（平成 28 年改正消法附則
52、53）は、国外事業者から受ける消費者向け電気通信利用役務の提供
による課税仕入れには適用されません（平成 30 年改正消令附則 24）。

　しかしそれ以前に、少額特例を適用した課税仕入れに対しては、そも
そも 80 ％・50 ％の経過措置の規定は適用されないことになっています
（平成 28 年改正消法附則 53 の 2）。少額特例は、80 ％・50 ％の経過措置
に優先して適用されるということです。

○ 他税目の視点

➤　消耗品は、一般的に単価は少額だと思いますが、それでもま
　　とめて買えば金額は大きくなります。消費税法の少額特例は
　　1 回の取引金額で経過措置の適用を判定します。

➤　一方、法人税法では消耗品は、原則としてそれを消費した日
　　の属する事業年度の損金の額に算入されますが、事業年度ご
　　とにおおむね一定数量を取得して経常的に消費するものに
　　限っては、取得費用を継続して取得日の属する事業年度の損
　　金としている場合にはそれが認められます（法基通 2-2-15）。
　　しかし、まとめて購入した消耗品を未使用のまま事業年度末
　　を迎えた場合、税務調査で貯蔵品として資産計上を指摘され
　　ることもありますので、注意が必要です。

事例 **30** ◦ 輸出免税と簡易課税制度のせめぎ合い

　株式会社 K 社は情報提供サービス業で、消費税申告には簡易課税制度（第 5 種事業：みなし仕入率 50 ％）を適用している。

　もともとは国内顧客との取引がほとんどであったが、最近はそれがやや減少する一方で、輸出免税の対象となる非居住者との取引が増えてきている。K 社は、このような状況が続けば、簡易課税制度ではかえって税負担が大きくなり、不利になるのではないかと考えている。

（1）本則課税と簡易課税制度

　簡易課税制度を使えば、課税仕入れの多寡を問わず必ず納税額が生じます。ここで、売上げに輸出免税になる取引が含まれていれば、原則どおりの仕入税額控除の計算（消法 30、以下「本則課税」という）をすることで、簡易課税制度で計算するより納税額が小さく（又は還付に）なる可能性があります。仮に売上げの 100 ％が輸出であれば、国内の課税仕入れに係る消費税は全額還付になります。

　しかし、簡易課税制度と本則課税でどちらの納税額が多くなるかの分岐点は、事業者の実際の課税仕入れの額や輸出免税売上げの額によって流動的です。そこで、K 社の事業内容に次の前提を置いた上で、3 通りのケースを比較してみたものが、次ページの表です。

◆　国内売上げと輸出売上げの合計額は 100

◆　事業は第 5 種事業（みなし仕入率 50 ％）

◆　売上げに対する課税仕入れの割合は平均で 40 ％

輸出売上げがある場合の本則課税と簡易課税制度の納税額比較

課税			ケースA 国内	税	輸出	ケースB 国内	税	輸出	ケースC 国内	税	輸出
本則	①	売上げと消費税額	100	10	0	60	6	40	80	8	20
	②	課税仕入れ（注）	40	4		40	4		40	4	
	③	納税額（①－②）		6			2			4	
簡易	④	みなし仕入税額（①×50％）		5			3			4	
	⑤	納税額（①－④）		5			3			4	
	⑥	本則との差額（⑤－③）		▲1			1			±0	

（注）本則課税の課税仕入れを売上げの 40 ％と仮定。

（2）ケースＡ：国内売上げだけの場合（基本形）

　国内売上げだけで輸出がない場合です。本則課税では納税額は 6（表 A ③）です。これに対して簡易課税制度では、みなし仕入率 50 ％を売上げの消費税額 10 に乗じた 5（表 A ④）が仕入控除税額ですので、納税額は 10-5 で 5（表 A ⑤）になります。簡易課税制度を適用する方が、税額が 1 だけ少なく（有利に）なる状況（表 A ⑥）です。

（3）ケースＢ：輸出免税が多めの場合

　ケースＢは、売上合計 100 の内訳が国内課税売上げ 60、輸出免税 40 の場合です。輸出免税によって売上げの消費税額が少なくなる一方、仕入税額は輸出分も含めて全額控除可能ですから、ケースＡよりも納税額が小さくなります。

　本則課税では、納税額は 2 になります（表 B ③）。これに対して簡易

課税制度では、みなし仕入率 50％ を売上げに係る消費税額 6 に乗じた 3（表 B ④）が仕入控除税額となりますので、納税額は 6−3 で 3（表 B ⑤）です。ケース B では、本則課税を適用する方が、簡易課税制度よりも税額で 1 だけ有利になる（表 B ⑥）状況です。

（4）ケース C：本則課税と簡易課税制度が同じになる場合

ケース C は、売上合計 100 の内訳が国内課税売上げ 80、輸出免税 20 というケース A と C の中間的な状況です。

本則課税では納税額が 4（表 C ③）ですが、これに対して簡易課税制度ではみなし仕入率 50％ で 4（表 C ④）が仕入控除税額となりますので、納税額は 8−4 で 4（表 B ⑤）です。ケース C では、結果的に両方の納税額が同じになりました（表 C ⑥）。

（5）簡易課税制度を適用する（やめる）決断は簡易ではない

K 社に置いた前提では、売上げの合計額 100 に対して輸出免税売上げ 20 が分岐点になりました。輸出免税売上げが 20 を超えていけば、本則課税の方が税額面で有利になっていきます。しかし、これは随分と大雑把な計算です。課税仕入れを一定（売上げの 40％）と仮定していますし、臨時的な課税仕入れ（特に設備投資など多額のもの）も考慮していません。国内と輸出両方の売上げが増加（減少）した場合も、結果は異なってきます。

このようなシミュレーションに基づいて、「来年は輸出売上げが増加する見込みだから、簡易課税制度より本則課税の方が納税額は少なくなる」と考えても、簡易課税制度をやめて本則課税を適用するためには、原則として直前の事業年度のうちに、「消費税簡易課税制度選択不適用届出書」を提出しなければなりません。

その後、予想どおりに輸出が増加すればいいのですが、そうでなかった場合に簡易課税制度に戻そうとすれば、再度「消費税簡易課税制度選

択届出書」を提出する必要があります。

　また、簡易課税制度を選択する届出を出していても、基準期間の課税売上高が5,000万円を超える課税期間は、簡易課税制度は適用できません。しかし、その後の課税期間で、基準期間の課税売上高が再度5,000万円以下になれば、その課税期間は自動的（強制的）に簡易課税制度に戻ります。

　さらに、簡易課税制度の選択届出書を出したら2年間は不適用届を出せないという「2年縛り」のルールもあります。簡易課税制度を巡る決断は、将来予測や届出に係る手続きを考えるとそう簡易ではありません。

（6）簡易課税制度の趣旨

　そもそも簡易課税制度の趣旨は「申告事務の負担を減らすための制度」であって、「税金を安くするための制度」ではありません。

　簡易課税制度によって結果的に納税額が本則課税よりも少なくなるということは、事業者が消費者から預かった税金の一部を納税せずに手元に残す（益税が発生する）ということです。

　税法の範囲内で納税の有利・不利を考えることは重要ですが、時には過度に技巧的な税法規定の使い方も見受けられます。そのような場合には、税務調査も含めたリスクが潜んでいます。

◯ 他税目の視点

➤ 売上全体に占める輸出売上げの割合が増えていけば、それに伴って海外に対する費用の支払い等も増えるでしょう。売上げでも経費でも、海外取引に係る法人税調査では、取引の経緯や証拠書類について、国内取引よりもしっかり確認されることが多くなります。そのため、証拠書類の整理や、取引内容の説明が明確にできるようにしておくことが重要です。

著者紹介

伴　忠彦（ばん　ただひこ）

税理士、東京富士大学客員教授。

税務大学校専門教育部・研究部教授、杉並税務署長、東京国税局国際課税担当統括官、国税庁国際企画官、東京国税局国際監理官、川崎北税務署長などを経て令和元年退官。

海外取引と国際課税に関する税務調査の企画・立案・実施に長く携わる。

著書に「海外取引の税務リスクの見分け方」（税務研究会出版局）があるほか、週刊「税務通信」（税務研究会）に「うちの経理部は海外取引に弱いんです！」を連載中（令和2年7月～）。

主な論文に「外国子会社合算税制における合算方式と適用除外基準の再考」税大論叢第63号（2009・第33回日税研究賞奨励賞受賞）、「恒久的施設の範囲に関する考察」税大論叢第67号（2010）、「OECDモデル条約新7条と外国税額控除の制度・執行の見直し」税大ジャーナル第16号（2011・第20回租税資料館賞受賞）、「有害な税の競争及び有害税制の排除」「タックス・ヘイブン対策税制の理論と執行上の問題点」「海外子会社配当非課税制度について企業が考慮すべきこと」本庄資編著『国際課税の理論と実務―73の重要課題―』大蔵財務協会（2011）等。

本書の内容に関するご質問は、税務研究会ホームページのお問い合わせフォーム（https://www.zeiken.co.jp/contact/request/）よりお願いいたします。なお、個別のご相談は受け付けておりません。

本書刊行後に追加・修正事項がある場合は、随時、当社のホームページ（https://www.zeiken.co.jp/）にてお知らせいたします。

海外取引の消費税実務のとらえ方

令和6年6月20日　　初版第1刷印刷　　　　　　　　　　（著者承認検印省略）
令和6年6月25日　　初版第1刷発行

ⓒ著　者　　伴　　　　忠　　彦

発行所　税　務　研　究　会　出　版　局

週刊「税務通信」発行所
　　　「経営財務」

代　表　者　　山　根　　　毅
郵便番号 100-0005
東京都千代田区丸の内1-8-2 鉄鋼ビルディング
https://www.zeiken.co.jp/

乱丁・落丁の場合は，お取替えします。　　印刷・製本　藤原印刷株式会社
ISBN978-4-7931-2805-9